L'ÂME SOEUR

Jean-Pierre AUDIER

Éditions ART ET COMÉDIE
2, rue des Tanneries
75013 PARIS

NOTE SUR L'AUTEUR

Dès l'âge de 15 ans, Jean-Pierre Audier va mener de front son métier d'agriculteur et son attirance pour le théâtre au sein du groupe de comédiens amateurs de son village. Ce passe-temps auquel il s'adonne depuis plus de quarante-cinq ans lui procure très tôt le plaisir de créer des décors.

À partir de 1989, la nécessité d'écrire pour la troupe locale, en lui adaptant une distribution « sur mesure », laisse augurer un fructueux répertoire. Mais de toute cette production, sa préférence va à une comédie médiévale en vers, joyeuse et débridée, créée en l'an 2000.

Ce nouveau retraité peut enfin consacrer plus de temps à l'organisation d'un festival de marionnettes, chaque automne au village depuis 1995, ce dont il est très fier !

PERSONNAGES

Trois copines : **JULIE** et **ISABELLE** qui ne cherchent pas l'âme sœur, mais qui veulent caser **CATHERINE** la timide.

MONIQUE, une amie d'enfance de Julie profitant de sa présence dans la région pour venir lui dire bonjour.

BÉATRICE, amie et voisine de Monique. Elle la suit dans cette expédition.

Trois copains : **RICHARD, FRANCK** et **RODOLPHE**. Là encore, les deux premiers veulent marier le troisième.

SYLVAIN est plus jeune que les autres, habite la région et devient, le temps de cette manifestation, un livreur de pizzas.

M. ou **MME LEMAIRE**, propriétaire du gîte. Ce rôle peut être masculin ou féminin. Chaque scène le concernant est écrite pour M. Lemaire, suivie d'une scène bis pour Mme Lemaire. La psychologie des deux personnages est forcément différente.

DÉCOR

L'action se situe dans une petite ville de province qui organise chaque année une foire aux célibataires.

Une salle de séjour dans un gîte rural. Porte d'entrée au fond. De chaque coté sont réparties les ouvertures suivantes : la cuisine, la salle de bains, un placard à balai et un départ d'escalier montant aux chambres (trois ou quatre marches).

ACTE I
SCÈNE 1

Entrée de Catherine, furieuse, suivie de ses deux amies Julie et Isabelle.

CATHERINE - Mais qu'est-ce qu'on est venu faire dans ce trou, vous pouvez me le dire ?

JULIE - Ah non ! Tu ne vas pas jouer les ingrates. Après tout, c'est pour toi qu'on est ici.

ISABELLE - Julie a raison. Tu ne peux pas t'enterrer dans ta solitude. La seule façon de te caser c'est de faire les Foires aux célibataires.

JULIE - Les agences matrimoniales, zéro ; les petites annonces du « Chasseur Français », d'après toi c'est ringard !

CATHERINE - Mais je ne vous ai rien demandé, moi ! J'aime bien ma solitude, elle me plaît bien ma solitude.

ISABELLE - Mais enfin, il te faut un homme !

CATHERINE - Vous en avez un, vous ? Non, bien sûr, mais vous ne pouvez pas vous empêcher de vouloir faire ce que vous appelez mon « bonheur ».

JULIE - Mais nous ma chérie, on sort, on va en boîte, on vit.

Isabelle - Tandis que toi, tu reste cloîtrée dans ton appart', tu t'étioles, tu te recroquevilles dans ta littérature romantique et ta musique classique, tu te concertises, tu te symphonises…

Julie - Ici au moins, ça bouge, il y a de la musique, c'est la fête !

Catherine *(explosant)* - De la musique ! C'est ce tintamarre que vous appelez de la musique ?

Isabelle - Qu'est-ce que tu as contre le cornet à piston ou la clarinette ?

Catherine - J'ai que justement, on est loin du concerto pour clarinette en « la » de Mozart, si tu veux mon avis !

Isabelle - Ce n'est pas comparable !

Catherine - Vous fondez devant une dizaine de majorettes qui s'imaginent qu'elles sont jolies parce qu'elles ont les cuisses à l'air et une jupette affriolante mais qui ne sont pas fichues de marcher en musique, vous vous liquéfiez au son des fanfares locales plutôt approximatives et qui devraient pourtant savoir que la musique c'est fait avec des notes…

Julie *(à Isabelle)* - Et elle ne s'est pas encore déchaînée après les bandas !

Catherine - Les bandas, les bandas ! Le coude bien levé à la hauteur du menton pour souffler dans leurs trompettes ou pour écluser les canettes ! De toute façon le geste est le même !

Isabelle - Bon, ça va, calme-toi !

Catherine - Me calmer ! Alors que vous m'avez entraînée dans cette mascarade, cette soi-disant Foire aux célibataires.

Julie - Quoi, ce n'est pas une Foire aux célibataires peut-être ?

CATHERINE - Vois-tu, ce que je viens d'entendre me fait plutôt penser à une « foire aux canards » !

ISABELLE - Oh ! tu es injuste !

CATHERINE - Et tous ces siffleurs de bière, avec le foie qu'ils trimballent, n'ont surtout pas à s'inquiéter, ils l'auront leur label « foie gras authentique » !

ISABELLE - Quelle râleuse tu fais !

CATHERINE - À qui la faute ? Quand je pense que ce soir, à dix kilomètres de chez moi, on donne la « Passion selon saint Matthieu ».

JULIE - C'est de qui ?

CATHERINE - Du grand Jean-Sébastien, forcément !

JULIE - Tu connais un Jean-Sébastien, toi ?

CATHERINE - Bach, imbécile.

JULIE - Oh ! ça va ! Tout le monde n'a pas ta culture !

ISABELLE - Bon, vous n'allez pas vous engueuler pour une malheureuse messe.

JULIE - Je n'y connais peut-être pas grand-chose en musique classique mais je crois me souvenir qu'il existe une célèbre marche nuptiale…

CATHERINE - Oui, eh bien vous pouvez en faire votre deuil. Je ne suis pas partante pour vous arranger une rencontre avec ce cher Mendelssohn.

JULIE - C'est dommage ! À propos de rencontre, tu connais Richard et Franck ?

CATHERINE - Non, ça ne me dit rien.

ISABELLE - Mais si, les deux types avec qui nous avons passé la soirée d'hier !

CATHERINE - Ah oui ! Je vois. Mais je t'arrête tout de suite : ce n'est pas mon genre. C'est macho et compagnie ces deux-là, surtout un !

JULIE - De toute façon, ils ne cherchent pas à se caser !

CATHERINE - Ah ! mais alors, qu'est-ce qu'ils font là ?

JULIE - Ils essaient de rendre service.

CATHERINE - Je vois. Encore deux cavaleurs qui recherchent une aventure pour le week-end !

ISABELLE - Ce n'est pas impossible !

CATHERINE - Eh bien, ça y est, vous avez trouvé chaussure à votre pied.

ISABELLE - Ils ont eux aussi un problème à résoudre. En l'occurrence, un copain très timide qui s'enfonce dans le célibat.

CATHERINE - Et tous les quatre vous vous êtes dit : « Ce serait super si on pouvait accoupler ces deux-là ! »

JULIE - Oh ! accoupler… Tu as de ces expressions !

ISABELLE - Tu vois, tout de suite, tu te braques !

CATHERINE - Vous voyez, les filles, ce mec timide, je ne le connais pas mais déjà, grâce à vous, je sens que je vais le prendre en grippe. Salut, je monte dans ma chambre ! *(Elle monte l'escalier.)*

ISABELLE - Bon, eh ben, c'est pas gagné !

JULIE - Oui, elle n'y met vraiment aucune bonne volonté !

ISABELLE - C'est bête, on s'était donné rendez-vous ici, avec les autres, c'était l'occasion ou jamais de les faire se rencontrer.

10

JULIE - Cette tête de mule va tout faire rater !

ISABELLE - Tu as vu Richard, comme il te regardait ?

JULIE - Tu parles si j'ai vu. Avec lui je crois que je vais passer un bon moment.

ISABELLE - Moi, Franck, il me plaît bien. Mais je ne sais pas si tu penses comme moi... je le trouve un peu réservé.

On sonne.

JULIE - Tiens, ce doit être eux !

Elle va ouvrir. Entrée de Richard, Franck et du timide Rodolphe. Ils se font la bise comme de vieux amis sauf Rodolphe qui serre la main.

SCÈNE 2

RICHARD - Salut les filles ! On n'est pas trop en retard ?

JULIE - Non, ça va ! Tu sais, le week-end est loin d'être fini. Vous prenez quelque chose ?

RICHARD - Si je m'écoutais je sais bien ce que je consommerais...

JULIE - Il y en a qui sont pressés on dirait !

FRANCK - On est venu accompagner Rodolphe. Il n'osait pas !

RICHARD - Mais votre copine Catherine, elle n'est pas là ?

ISABELLE - Si, elle est montée dans sa chambre.

FRANCK - Pour se faire belle ?

JULIE - Pas vraiment ! En fait elle ne veut voir personne.

RICHARD - Ah ! mais c'est embêtant ça ! Ce n'est pas du tout ce qu'on avait prévu au programme.

FRANCK - Il faudrait peut-être aller la voir… pour la convaincre !

JULIE - Tu as raison ! Isabelle, essaie de lui faire comprendre. Il ne va pas la bouffer Rodolphe !

RICHARD *(sceptique)* - Si déjà il pouvait au moins la dévorer des yeux…

JULIE - Ah ! parce que… lui aussi…

FRANCK - Il a fallu qu'on insiste.

RODOLPHE - On s'en va d'ici, les gars ?

RICHARD - Tu sais bien ce qu'on t'a dit, mon vieux. Cette fête, c'est ta dernière chance !

RODOLPHE - Mais tu as entendu, elle ne veut voir personne !

JULIE - Monte la chercher, Isabelle !

ISABELLE - Non, vas-y toi, tu as plus d'autorité que moi.

JULIE - Bon, je vous la ramène, mais soyez patients !

Elle monte l'escalier. Isabelle sort vers la cuisine.

RICHARD - On avait parlé de boire quelque chose, je crois !

ISABELLE *(revenant avec un plateau et des boissons)* - J'arrive ! Servez-vous ! *(Ils se servent.)*

RICHARD - Elle a vraiment peur des hommes, Catherine ?

ISABELLE - Je ne sais pas. Elle est un peu vieux jeu. Je ne l'ai jamais vue flirter.

Franck - Jamais ?

Isabelle - Julie m'a dit que vers dix-huit ans elle avait eu un chagrin d'amour. Et depuis... plus rien.

Rodolphe *(gêné)* - Il vaudrait mieux s'en aller.

Richard - Toi, tu restes là ! On s'est donné assez de mal pour te décider à venir ici, alors tu nous laisses faire. O.K. ? *(On sonne.)* Vous attendiez quelqu'un ?

Isabelle - Une copine d'enfance de Julie. Il y a longtemps qu'elles ne se sont pas vues. *(Elle va ouvrir.)*

SCÈNE 3
Version M. Lemaire

Entrée de M. Lemaire.

Isabelle - Ah ! c'est vous ?

M. Lemaire - Eh oui, ce n'est que moi ! Vous attendiez l'âme sœur ? Puis-je faire l'affaire ?

Isabelle - Monsieur Lemaire, vous n'êtes pas sérieux.

M. Lemaire - Dame, quand des jeunes femmes viennent de si loin à cette Foire aux célibataires, ça n'est pas seulement pour jouer au Scrabble ou taper une belote !

Richard - C'est peut-être pour commencer le jeu de sept familles.

M. Lemaire - Ou pour jouer aux dames ! À qui ai-je l'honneur ?

13

Isabelle - Excusez-moi ! M. Lemaire, le propriétaire de ce gîte. Richard, Franck et Rodolphe, des amis.

Franck - Monsieur le maire ! Vous tombez à pic. Il va certainement y avoir un mariage à faire !

Rodolphe - J'espère que tu ne parles pas du mien ?

Franck - Mais si mon vieux !

M. Lemaire - Ne vous méprenez pas ! Je m'appelle Lemaire en un seul mot et je ne suis pas autorisé à faire ce genre de cérémonie.

Isabelle - Alors qu'est-ce qui vous amène ?

M. Lemaire - Accompagnez-moi jusqu'aux toilettes. La chasse d'eau pose quelques problèmes depuis peu. Il faut que je vous fasse voir comment y remédier. Suivez-moi ! *(Il sort vers la salle de bains, suivi d'Isabelle.)*

SCÈNE 3 Bis

Version Mme Lemaire

Entrée de Mme Lemaire.

Isabelle - Ah ! c'est vous ?

Mme Lemaire - Eh oui, ce n'est que moi ! Vous attendiez l'âme sœur ?

Isabelle - Oh ! nous ne sommes pas pressées !

Mme Lemaire - Pourtant, la maison est déjà remplie d'hommes à ce que je vois !

ISABELLE - Et ça vous embête ?

MME LEMAIRE - Comprenez-moi bien ! Cette maison apparte-nait à ma tante qui a été pendant quarante ans la gouvernante de M. le curé. Alors, vous pensez bien que les murs ne sont pas habi-tués aux orgies.

ISABELLE - Chère madame, sans aller jusque-là, lorsque des jeunes femmes viennent de si loin à cette Foire aux célibataires, ça n'est pas seulement pour jouer au Scrabble ou au tarot !

RICHARD *(ironique)* **-** C'est peut-être pour commencer le jeu des sept familles.

MME LEMAIRE - Ou pour jouer aux dames ! À qui ai-je l'honneur ?

ISABELLE - Excusez-moi ! Mme Lemaire, la propriétaire de ce gîte… Richard, Franck et Rodolphe, des amis.

FRANCK - Madame le maire ! Vous tombez à pic. Il va certaine-ment y avoir un mariage à célébrer !

RODOLPHE - J'espère que tu ne parles pas du mien ?

FRANCK - Mais si mon vieux !

MME LEMAIRE - Ne vous méprenez pas ! Je m'appelle Lemaire en un seul mot et je ne suis pas autorisée à faire ce genre de cérémonie.

ISABELLE - Alors qu'est-ce qui vous amène ?

MME LEMAIRE - Accompagnez-moi, je n'ai pas eu le temps de vous faire certaines recommandations. Venez, j'ai plusieurs petites choses à vous montrer. *(Elle sort vers la salle de bains, suivie d'Isabelle.)*

SCÈNE 4

RODOLPHE - Si on en profitait pour s'en aller ? Je la sens pas cette affaire !

RICHARD - Ce que tu peux être défaitiste, toi, alors ! On se décarcasse et toi tu ne penses qu'à partir d'ici !

FRANCK - Je ne voudrais pas abonder dans son sens, mais on prend des risques.

RICHARD - On prend des risques ? À marier cet individu ?

RODOLPHE - Je te rappelle que je n'ai rien demandé !

RICHARD - Quand tu seras dans les bras d'une jolie nana, tu nous remercieras !

RODOLPHE - Et après je l'aurai sur les bras, merci bien !

FRANCK - Quand je parlais de risques, je pensais surtout à notre présence ici !

RICHARD - Parce qu'on a fait un petit détour ?

FRANCK - Je ne parle pas du détour kilométrique, mais celui qu'on a fait dans le temps avec tes idées à la noix !

RODOLPHE - Il a raison ! Officiellement on est à Paris, au Salon de l'agriculture.

RICHARD - Ben quoi, c'est pas un salon ça ? Un vrai concours de pouliches, mes enfants !

RODOLPHE - Ça y est, il veut que je m'achète une femme ma parole ! Dis donc, le marché aux esclaves ça date un peu !

RICHARD - On ne te demande pas de débourser.

16

RODOLPHE - Et si on reprenait la route pour Paris, les gars ?

RICHARD - On y est, on y reste ! On n'a pas monté toute cette histoire pour échouer si près du but !

FRANCK - Moi, je la sens pas, justement, cette histoire. Ta femme et la mienne nous croient à Paris avec quelques copains agriculteurs comme nous.

RICHARD - Quels poltrons ! Dans deux jours on filera porte de Versailles et on fera le salon en vingt-quatre heures. Juste le temps de poster des cartes postales à nos femmes !

FRANCK - Et si elles nous téléphonent, qu'est-ce qu'on leur dira ?

RICHARD - Mais c'est toi qui leur diras où on est, pas ton portable !

FRANCK - Si ma femme savait où je suis, elle m'arracherait les yeux !

RICHARD - Vous me faites une belle paire de trouillards tous les deux ! Allons, laissez-vous aller… Profitez de la vie !

RODOLPHE - N'empêche que j'ai comme l'impression que tu n'as pas pensé qu'à moi dans cette affaire.

RICHARD - Le fait est que je ne serais pas contre une petite aventure sans lendemain.

FRANCK - Tu aurais pu faire ça tout aussi bien à Paris. Il y a plus de choix !

RICHARD - Oui, mais ici il y a comme une ambiance. Ce soir par exemple, il y a un bal masqué !

RODOLPHE - Avec des costumes ?

RICHARD - Non, juste des masques !

RODOLPHE - Uniquement avec des masques ; des loups, quoi !

FRANCK *(à Richard)* - Le genre de fête où un loup peut en cacher un autre, et c'est ton cas !

RICHARD - Ne t'inquiète pas, ici les brebis sont de taille à se défendre !

FRANCK - Ce qui m'inquiète c'est qu'on est assez près de chez nous. Même pas cinquante kilomètres.

RICHARD - Mais on ne connaît personne ici !

FRANCK - Oui, mais on peut croiser quelqu'un… par hasard !

RODOLPHE - Il a raison. La malchance…

RICHARD - Toi, tu n'as pas de femme, tu ne risques rien ! Tu as peur ? Qu'est-ce que ça sera quand tu en auras une !

FRANCK - Tu causes, tu causes, tu ne m'empêcheras pas de penser qu'il y a quand même des risques !

RICHARD - Et nos prénoms ? On a changé nos prénoms. C'est pas une garantie ça ?

FRANCK - D'accord, au lieu de m'appeler Francis, je suis devenu Franck.

RICHARD - Et moi, Patrick, je suis maintenant Richard. J'ai toujours voulu m'appeler Richard.

RODOLPHE - Tu ne veux pas qu'on rajoute « Cœur de Lion » pendant qu'on y est ?

RICHARD - Tu peux te moquer toi ! Tes parents t'ont appelé Adolphe. Avoue que Rodolphe ça fait quand même plus romantique !

SCÈNE 5

Version M. Lemaire

Éclats de voix venant de la salle de bains. Entrée de M. Lemaire, penaud, suivi d'une Isabelle furieuse.

ISABELLE - Bas les pattes, espèce de cochon ! Vous n'êtes qu'un pauvre type !

M. LEMAIRE - Du calme mademoiselle, il y a un léger malentendu.

ISABELLE - Ah non ! Ça n'est pas un malentendu. J'ai très bien entendu, au contraire !

RICHARD - Alors cher monsieur, on vient jouer les maris dépravés ?

FRANCK *(à Richard)* - Tu as du culot, toi !

M. LEMAIRE - Oh ! dépravé ! Alors que je venais gentiment montrer à mademoiselle les petits problèmes de la salle de bains.

ISABELLE - Cher monsieur, je n'ai rien contre les robinets qui fuient en général, si ce n'est que cela peut créer quelques petits ennuis, mais vous avez une façon un peu trop particulière à vouloir expliquer les choses !

M. LEMAIRE - Mademoiselle, je suis désolé de… Si j'avais su… Je vous demande de me pardonner. Toutes ces femmes célibataires en recherche de partenaires… Ça me perturbe beaucoup… Et vous êtes tellement jolie…

ISABELLE - Bon, ça va, je n'ai rien vu ni rien entendu. Mais si cela devait recommencer…

M. LEMAIRE - Si cela devait recommencer ?

19

ISABELLE - On ne vous paiera pas le loyer, vu ?

M. LEMAIRE - Je ne recommencerai pas, je vous le jure ! *(Il sort.)*

FRANCK - Il a l'air d'y tenir à son loyer !

ISABELLE - Ah ! ces hommes mariés…

RICHARD - Tu as quelque chose contre les hommes mariés ?

ISABELLE - Tous les mêmes. Ils vont chercher ailleurs ce qu'ils ont déjà chez eux !

FRANCK *(parlant pour lui)* - J'en connais qui ne sont pas responsables et qui se trouvent embarqués dans de sacrées galères malgré eux.

ISABELLE - Ce week-end ici est prévu pour les célibataires. Les hommes mariés n'y ont pas leur place !

SCÈNE 5 Bis
Version Mme Lemaire

Éclats de voix venant de la salle de bains. Entrée de Mme Lemaire, très digne, suivie d'une Isabelle furieuse.

ISABELLE - Mais il fallait l'écrire dans votre contrat tout ça ! Nous nous serions adressées ailleurs !

MME LEMAIRE - Enfin, mademoiselle, ce n'est que du bon sens !

ISABELLE - Du bon sens ? Nous ne sommes plus au temps des Croisades, chère madame. Nous sommes au XXIe siècle.

MME LEMAIRE - Je ne vois pas en quoi de simples gestes pour éviter le gaspillage vous mettent dans un tel état.

RICHARD - On peut savoir ce qui se passe ?

ISABELLE - Mme Lemaire est écolo avant l'heure.

MME LEMAIRE - Vous ne semblez pas être au courant du prix du mètre cube d'eau, vous !

ISABELLE - Si, je suis au courant, figurez-vous !

MME LEMAIRE - On ne le dirait pas !

FRANCK - Ils n'ont pas l'eau courante ?

ISABELLE - Oh si ! Mais vous saurez qu'ici, pour la petite commission, on ne tire pas la chasse d'eau.

RICHARD *(goguenard)* - Pourquoi ? La chasse est fermée ?

ISABELLE - On doit remplir le verre à dent au lavabo et le balancer dans la cuvette !

FRANCK - Et pour la grosse commission, on passe à deux verres ?

RICHARD - Oh ! comme tu y vas ! Un verre et demi devrait aller !

FRANCK - Il suffit simplement de relever le compteur d'eau au début et à la fin du séjour.

MME LEMAIRE - Mais je l'ai relevé, jeune homme, je l'ai relevé.

RICHARD - Ben alors, où est le problème ?

MME LEMAIRE - Mon mari et moi avons horreur du gaspillage.

ISABELLE - Nous vous la paierons votre flotte, soyez rassurée.

MME LEMAIRE - Vous autres les jeunes, vous n'êtes que des consommateurs. C'est ce que dit toujours mon mari. Et c'est un homme marié, lui ! Il sait de quoi il parle ! *(Elle sort par le fond.)*

Isabelle *(agacée)* - Ah! ces hommes mariés! Ils savent tout ce qu'il faut savoir. Ils sont sans défaut. Tout ce qu'ils décident est bien. *(Elle hausse les épaules.)*

Franck - Oh! tu sais, ils ne sont pas toujours très malins! *(Au public.)* J'en connais qui se trouvent parfois embarqués dans de sacrées galères malgré eux.

Isabelle - Heureusement, ce week-end ici est prévu pour les célibataires. Les hommes mariés n'y ont pas leur place!

SCÈNE 6

Richard - On peut peut-être faire des exceptions?

Entrée de Julie.

Julie - Tu parles pour toi?

Richard - Heu… pas spécialement…

Julie - Je dis ça parce que avec la bague que tu portes au doigt, on voit bien que tu as déjà promis quelque chose à quelqu'un!

Richard - Promis quoi?

Julie *(espiègle)* - Je ne sais pas, moi… Une certaine fidélité, par exemple.

Richard - Quelqu'un a dit un jour : « Entre deux aventures, je reste très fidèle à ma femme. »

Julie - Ça ne serait pas de toi par hasard?

Isabelle - Tu n'as pas ramené Catherine?

22

JULIE - Si, elle descend. D'ailleurs, la voilà!

Catherine apparaît sur les marches.

FRANCK - Bonjour!

RICHARD - Salut! Moi c'est Richard dit… *(Il se tourne vers Rodolphe.)*… « Cœur de Lion »! Lui, c'est Rodolphe!

RODOLPHE *(timidement, un peu gauche)* - Mademoiselle!

FRANCK - Et moi c'est Franck! On vous laisse. La bagnole fait un drôle de bruit, il faut qu'on passe au garage. Tu viens, Patrick? Heu… je veux dire… Richard! *(Comme pour s'excuser.)* Pourquoi je t'ai appelé Patrick?

RICHARD - Oh! un moment de distraction, comme d'habitude! Tu n'arrives pas à te concentrer! *(Ils sortent.)*

ISABELLE - Et moi je fais un tour jusqu'à la boulangerie. *(Elle sort.)*

JULIE - Bon, eh bien, c'est pas tout ça, mais j'ai ma chambre à ranger. C'est un vrai souk. Je vous abandonne! *(En montant l'escalier.)* Soyez sages!

Rodolphe et Catherine seuls. Un très long silence embarrassé.

RODOLPHE - Ben… Voilà! *(Silence.)*

CATHERINE - Voilà, voilà, voilà! *(Silence.)*

RODOLPHE - On a de la chance, il fait beau…

CATHERINE - Ah bon! De toute façon je ne sors pas, alors… *(Silence.)*

RODOLPHE - C'est dommage… Ça vous donnerait des couleurs…

CATHERINE - Vous me trouvez trop pâle?

RODOLPHE - Oh non ! Vous êtes encore très jolie…

CATHERINE - Encore ?

RODOLPHE *(réalisant sa gaffe)* - Heu… non… Je veux dire… Vous êtes jolie…

CATHERINE - Ne vous fatiguez pas, je ne suis pas candidate !

RODOLPHE - Moi non plus !

CATHERINE - Alors qu'est-ce que vous faites là ?

RODOLPHE - Mes copains veulent absolument me caser !

CATHERINE - C'est pareil pour moi. Julie et Isabelle se sont mis en tête de me marier.

RODOLPHE - Et vous, vous n'êtes pas prête !

CATHERINE - Pas vraiment. Julie me dit : « C'est pas parce que c'est ton prénom qu'on va te fêter deux fois la Sainte Catherine !

RODOLPHE - Comment ça deux fois ?

CATHERINE - Elle dit : « Quand on est célibataire, la Sainte Catherine ça se fête à vingt-cinq ans. On ne va pas te la fêter aussi à cinquante ! »

RODOLPHE - Ce n'est pas très sympa !

CATHERINE - Oh ! ce n'est pas méchant non plus ! Je les aime bien. Elles, elles ont pris le parti de se mettre en ménage pour des petites durées.

RODOLPHE - Elles font de l'intérim !

CATHERINE - Quelque chose comme ça. Elles disent qu'elles sont plus disponibles. Le C.D.I. ne les intéresse pas, elles préfèrent le C.D.D.

Rodolphe - Et vous ?

Catherine - Moi, je suis plus sentimentale.

Rodolphe - Tout comme moi.

Catherine - Mais je ne veux pas qu'on me dicte ce que j'ai à faire.

Rodolphe - Comme je vous comprends ! Toute cette sollicitude, ces allusions...

Catherine - Le pire c'est les vœux du nouvel an ! « Je te souhaite surtout un mari dans l'année ! » C'est chiant !

Rodolphe - Moi c'est pareil. Chaque fois que l'on vide une bonne bouteille, vous pouvez être sûre que les dernières gouttes sont pour moi. « Tu te marieras dans l'année ! »

Catherine - Qu'est-ce qu'on va faire ?

Rodolphe - Vous croyez qu'il faut simuler pour leur faire plaisir ?

Catherine - Ils seraient trop contents !

Rodolphe - Alors, on est coincés !

Catherine - J'ai peut-être une idée !

Rodolphe - Ah oui ?

Catherine - Si on se mettait à se chamailler, à s'engueuler, à se lancer des vacheries ? Enfin quoi, à devenir deux fous furieux... Ça pourrait peut-être les décourager.

Rodolphe - Excellente idée. Et en plus on risque d'y prendre du plaisir.

Catherine - Ça ne va pas nous placer sur le chemin de la mairie ça !

Rodolphe - Le maire devra se montrer patient ! *(Il rit.)*

Catherine - Les témoins aussi ! *(Elle rit à son tour.)*

Rodolphe - Arrêtons de rire, les autres vont se faire des idées.

Catherine - J'entends marcher sur les graviers de l'allée. Isabelle revient. Commençons !

Rodolphe - Je n'ose pas !

Catherine - Mais si, ça va venir tout seul, vous allez voir ! *(Haussant le ton.)* Non mais, ça va pas la tête ? Pauvre mec !

Rodolphe *(même ton)* - Oh ! du calme, hein ! *(Tout bas.)* Je peux dire « pouffiasse » ?

Catherine *(tout bas)* - Allez-y, je vous suis !

Rodolphe *(très fort)* - Espèce de pouffiasse !

Catherine *(même ton)* - Tu ne t'es pas regardé, hé, débile !

> *La tête affolée de Julie paraît en même temps que Franck et Isabelle entrent. Tous les trois ont une expression catastrophée pendant les répliques suivantes.*

Rodolphe - Non mais tu t'es vue, morue ?

Catherine - Tu sais ce qu'elle lui dit la morue au maquereau ?

Rodolphe - Ça se croit une lumière, ça veut briller en société !

Catherine - Oh ! ça va l'analphabète !

Rodolphe - Gourgandine !

Catherine - Et ça prétend m'acheter !

RODOLPHE - Si au moins là-dedans y avait un cerveau, on pourrait peut-être faire un effort !

CATHERINE - Crétin !

RODOLPHE - Andouille !

CATHERINE - Ostrogoth ! Ectoplasme ! Bachi-bouzouk !

RODOLPHE - Oh ! alors, si madame se met à déclamer les classiques maintenant !

JULIE *(hurlant)* - Stop ! *(Silence glacé.)* Vous êtes malades ou quoi ?

FRANCK - Non mais c'est vrai, elle a raison, qu'est-ce qui vous prend ?

ISABELLE - Je crois qu'il vaut mieux les séparer !

FRANCK - Vous êtes enragés, ma parole !

RODOLPHE - C'est elle qui…

FRANCK - La ferme ! Viens, on s'en va ! *(Il va vers la porte et commence à sortir. Aux autres.)* Excusez-le !

JULIE - Ils m'ont flanqué la migraine. Je vais prendre un comprimé.

ISABELLE - Je te suis, je vais déposer le pain à la cuisine.

Elles sortent toutes les deux. Voix de Franck à l'extérieur.

FRANCK - Alors, tu viens ?

RODOLPHE *(off)* - J'arrive ! *(À Catherine.)* J'étais bon ?

CATHERINE - Parfait ! On va les avoir à l'usure !

Elle lui fait une bise sur la joue. Rodolphe rougit. Il sort.

SCÈNE 7

Retour de Julie, un verre à la main, suivie d'Isabelle.

JULIE - Ah! bravo! Tu es bien partie pour te trouver un jules, toi!

ISABELLE - Mais enfin, qu'est-ce qui vous a pris tous les deux?

CATHERINE - Rien! Il est nul, c'est tout!

ISABELLE - Il a été inconvenant?

CATHERINE - C'est-à-dire?

JULIE - En clair, est-ce qu'il t'a pelotée?

CATHERINE - Ah! quelle horreur! Grand Dieu, non!

JULIE - Quelle horreur, quelle horreur… Tu ne nous ferais pas une allergie aux mecs, toi?

ISABELLE - Elle semble mal engagée cette aventure. Pourtant il n'a pas l'air si terrible que ça!

JULIE - C'est sûr qu'il n'est pas terrible! Ça doit être le genre attardé sexuel dans les jupes de sa maman.

CATHERINE - Il faut absolument que je vous accompagne ce soir?

ISABELLE - Tu dois tenter ta chance!

CATHERINE - Ça m'embête cette foule!

ISABELLE - Mais nous aurons tous des masques sur les yeux. Tu te sentiras moins regardée. Tu verras, ça va bien se passer.

CATHERINE - Je monte dans ma chambre. Toutes ces émotions…

Elle monte l'escalier. Sonnerie de l'entrée.

28

Julie - Cette fois c'est Monique !

Elle va ouvrir. C'est un jeune homme. Tenue de vendeur de pizzas.

SCÈNE 8

Sylvain - C'est bien vous qui avez commandé deux pizzas, deux spéciales ?

Isabelle - Oui, c'est moi. Laisse-le entrer !

Il entre et donne les pizzas à Isabelle qui les porte à la cuisine.

Julie - Vous prenez quelque chose, jeune homme ?

Sylvain - Ce n'est pas de refus. Il fait un peu trop chaud pour la saison, vous ne trouvez pas ?

Isabelle revient.

Julie - Une bière ?

Sylvain - Va pour une bière !

Julie va lui chercher une bière.

Isabelle - On dit que les vendeurs de pizzas sont en général des gens pressés.

Sylvain - Sûrement, mais moi je suis une exception. Et puis je ne livre que pour la Foire aux célibataires !

Julie *(revenant avec la bière)* - Et il fait quoi d'habitude le pizzaïolo ?

SYLVAIN - Je suis mécano chez mon père qui tient un garage dans la région.

ISABELLE - Et c'est la morte saison dans la mécanique ?

SYLVAIN - Non, mais moi, j'aime toucher à tout. Je suis aussi pompier bénévole, maître nageur, etc. J'arrondis mes fins de mois, quoi !

JULIE *(très allumeuse)* - Et avec toutes ces célibataires, vous faites aussi du bénévolat ?

SYLVAIN *(insolent)* - Ça m'arrive, mais souvent elles ont atteint la date de péremption !

JULIE *(inquiète)* - C'est-à-dire ?

SYLVAIN - Disons que souvent elles pourraient presque être ma mère. Alors moi, vous comprenez, que ce soient des Françaises et même des Anglaises à l'occasion, je ne dis pas, mais les cannes anglaises… très peu pour moi !

JULIE *(agacée)* - Vous avez fini votre bière ?

SYLVAIN - Pas tout à fait, mais je termine !

JULIE - Alors magnez-vous ! Nous attendons quelqu'un, vous comprenez !

SYLVAIN *(se levant)* - Merci mesdames. Je file ! *(Il sort.)*

ISABELLE - Dis donc, tu l'as quasiment fichu à la porte. Un si joli garçon… Ce n'est pas dans tes habitudes !

JULIE - Il est peut-être beau mais par contre, quelle insolence ! Vois-tu, ses cannes anglaises me sont restées en travers de la gorge. Des cannes anglaises, non mais !

Sonnerie de l'entrée.

ISABELLE - Cette fois c'est peut-être ta copine Monique ? *(Elle va ouvrir.)*

JULIE - Oh ! je n'y crois plus ! Elle a dû avoir un empêchement.

Entrée de Monique suivie de Béatrice.

SCÈNE 9

Monique va vers Julie. Elles s'embrassent.

MONIQUE - Julie, ma chérie !

JULIE - Mon Dieu, Monique, ça fait combien d'années ?

MONIQUE - Il vaut mieux ne pas compter. Mais tu n'as pas changé !

JULIE - Toi non plus ma grande. *(Elle lui présente Isabelle.)* Isabelle, une amie. Et vous êtes sans doute Béatrice ?

BÉATRICE - C'est cela. Une amie et voisine de Monique.

JULIE - Quel plaisir de se revoir… Ah ! je sens qu'on va bien s'amuser ce week-end !

ISABELLE - Elle nous a souvent parlé de vous, quand vous étiez gamines toutes les deux.

MONIQUE - C'était tentant de se retrouver là, dans cette Foire aux célibataires. Il faut dire que Béatrice et moi nous habitons la région. C'était l'occasion ou jamais de se rencontrer !

JULIE - Mais qu'avez-vous fait de vos maris ?

BÉATRICE - Ils sont partis à Paris, au Salon agricole !

MONIQUE - Et on va pouvoir s'amuser entre filles.

ISABELLE - Mais vous êtes sûres qu'ils sont sérieux à Paris ?

BÉATRICE - Francis n'a qu'à bien se tenir. De toute façon, s'il me cachait quelque chose, je le sentirais. Il est incapable de mentir vraiment. Il ne sait pas faire !

JULIE - C'est pas comme nous !

MONIQUE - Alors que le mien, Patrick, est très doué pour dissimuler, le vaurien ! Mais toi Julie, toujours personne dans ta vie ?

JULIE - Personne, ça n'est pas vraiment le mot. Je dirais plutôt qu'ils ont été nombreux. Et j'ai bien envie ici de rajouter une pièce à mon tableau de chasse.

ISABELLE - Elle aurait dû s'appeler Diane !

JULIE - Nous avons déjà rencontré quelques spécimens intéressants. Ils passeront nous chercher dans la soirée. Vous serez des nôtres !

ISABELLE - Il y aura un bal masqué. C'est assez amusant, on a toutes les chances de se tromper.

JULIE - Dans tous les sens du terme…

BÉATRICE - Un bal masqué ? Ça fait bien vingt ans que je ne suis pas allée à un bal masqué !

ISABELLE - Par contre, interdiction d'enlever le masque avant minuit. C'est le règlement !

MONIQUE - Eh bien, va pour la fête. Pour une fois qu'on s'amusera sans nos bonshommes !

JULIE - Surtout qu'ils ne doivent pas s'ennuyer entre copains à Paris.

ISABELLE - En fait, ici nous sommes trois filles. Catherine est tout ce qu'il y a de plus allergique aux hommes mais on a bien l'intention de la dégourdir un peu.

JULIE - Pour l'instant c'est mal parti !

MONIQUE - Raconte !

JULIE - On lui a fait rencontrer un garçon, un type très bien, et ils ont failli en venir aux mains. Et quand je dis « aux mains », ce n'était pas pour se faire des caresses !

BÉATRICE - Bah, elle n'a pas rencontré le bon voila tout !

MONIQUE - Si vous n'y voyez pas d'inconvénient, Béatrice et moi nous allons squatter votre salle de bains. Une bonne douche ne sera pas de trop.

ISABELLE - Suivez-moi, je vais vous monter votre chambre.

Béatrice suit Isabelle avec sa valise.

MONIQUE - Moi je vais directement à la douche si vous le permettez !

Julie lui montre la salle de bains. Sonnerie. Elle va ouvrir. C'est Sylvain.

SCÈNE 10

JULIE *(qui le laisse entrer)* **-** Encore vous ?

SYLVAIN - Je suis désolé mais j'ai dû laisser ma sacoche chez vous tout à l'heure !

JULIE - Une seconde, je vais chercher mes cannes anglaises pour vous aider à chercher !

SYLVAIN - Oh ! vous êtes rancunière ! Je sais, tout à l'heure je me suis rendu compte de ma maladresse. Mais vous savez bien que ce n'est pas pour vous que j'ai dit ça !

JULIE - J'aimerais vous croire !

SYLVAIN *(sourire enjôleur)* - Allez, donnez-moi une chance de me rattraper. Je vous ferai danser toute la nuit si vous voulez !

JULIE *(qui a bien envie de céder)* - Je vais y réfléchir. Tenez, la voilà votre sacoche et… à ce soir. *(Elle commence à monter l'escalier.)* Vous claquez la porte en sortant !

Sylvain s'apprête à sortir au moment où Richard entre.

RICHARD - Mais… qu'est-ce que tu fais là, toi ?

SYLVAIN *(aussi surpris)* - C'est vous m'sieur Patrick ?

RICHARD - Tais-toi, idiot ! Ici on m'appelle Richard.

SYLVAIN - Richard ? Mais… votre prénom… c'est quand même bien Patrick ?

RICHARD - Bien sûr, mais ici je suis, comme qui dirait, en service commandé !

SYLVAIN - Avec un faux nom !

RICHARD - Ça serait trop long à t'expliquer.

SYLVAIN - Racontez quand même !

RICHARD - Je suis venu voir… une cousine !

SYLVAIN - Une cousine ?

RICHARD - Une cousine du côté de ma femme !

SYLVAIN - Ah ! je vois ! Les cannes anglaises !

RICHARD - De quoi parles-tu ? Elle n'a pas besoin de cannes anglaises. Elle se déplace très bien.

SYLVAIN - Et vous êtes venu là pour faire une surprise à votre femme.

RICHARD - Oui, en quelque sorte !

SYLVAIN - Alors qu'elle vous croit à Paris !

RICHARD *(qui confirme)* - Alors qu'elle me croit à Paris !

SYLVAIN - C'est sûr qu'elle va être surprise !

RICHARD - Pour le moment elle ne sait pas.

SYLVAIN - Si je la vois, faudra que je me taise alors.

RICHARD - Ça serait mieux en effet !

SYLVAIN - C'est idiot mais… j'ai peur que ça m'échappe !

RICHARD - Et si je te donnais… *(Il lui chuchote à l'oreille.)*

SYLVAIN - Ce n'est pas beaucoup !

RICHARD - Le double alors !

SYLVAIN - Ouais, à la rigueur, ça peut aller !

RICHARD *(furieux)* - J'espère bien ! *(Il lui donne l'argent.)*

SYLVAIN - Merci m'sieur Patrick… heu… pardon, m'sieur Richard !

RICHARD - Pas un mot, hein !

SYLVAIN - Comme une tombe !

RICHARD - T'as intérêt, sinon tu risques d'être aussi muet que TA tombe ! *(Sylvain sort.)* Salopard !

SCÈNE 11

Richard entend du bruit côté salle de bains. Une voix de femme qui chante sous sa douche. Il entrouvre la porte. Dialogue entre Richard sur la scène et Monique en coulisse.

RICHARD - Julie ?

MONIQUE *(off)* - Je ne suis pas Julie !

RICHARD - Désolé, mais au travers de la vitre de douche, je ne vois qu'une forme. *(Au public.)* Et quelle forme !

MONIQUE *(off)* - En attendant vous vous rincez l'œil !

RICHARD - Et vous, à ce que je vois, vous vous rincez tout le reste !

MONIQUE *(off)* - Vous êtes un marrant, vous ! Par contre, vous ne seriez pas aussi un peu trop curieux ?

RICHARD - J'y suis, vous êtes Isabelle !

MONIQUE *(off)* - Perdu !

RICHARD - Non, ne me dites pas que vous êtes… Catherine ?

MONIQUE *(off)* - Pas davantage !

RICHARD - Mais alors, qui êtes-vous ?

MONIQUE *(off)* - Je suis la femme mystérieuse !

RICHARD - Ah ! pour un mystère, c'en est un ! *(Un temps.)* Ah ! j'y suis ! Vous êtes la copine d'enfance de Julie, celle qui devait passer la voir.

MONIQUE *(off)* - Gagné !

RICHARD - Mais, chère amie mystérieuse et un peu floue, vous avez un prénom ?

MONIQUE *(off)* - Monique !

RICHARD - Monique... C'est drôle, c'est aussi le prénom de ma femme.

MONIQUE *(off)* - Ah ! vous êtes marié !

RICHARD - Oui... Oh ! vous savez, ça n'a pas grande importance !

MONIQUE *(off)* - Vous ne l'aimez plus ?

RICHARD - Si, mais... quand je suis loin d'elle... j'ai envie de m'amuser un peu.

MONIQUE *(off)* - Et vous, c'est quoi votre petit nom ?

RICHARD - Pat... Richard !

MONIQUE *(off)* - Pat-Richard, c'est curieux comme prénom.

RICHARD - Non. Richard. Ce doit être le bruit de l'eau.

MONIQUE *(off)* - Richard, c'est joli !

RICHARD - Vous serez des nôtres ce soir, au bal masqué ?

MONIQUE *(off)* - J'y compte bien ! Maintenant, vous refermez la porte. La visite est terminée ! J'aimerais sortir de la douche pour me sécher !

RICHARD - Vous direz aux autres que nous passerons les chercher vers huit heures. D'accord ?

MONIQUE *(off)* - Ça marche ! *(Richard ferme la porte de la salle de bains puis hésite à la rouvrir, se ravise et sort. Un instant plus tard, Monique entre sur scène avec un peignoir et une serviette enroulée sur la tête.)* Je suis arrivée il y a à peine dix minutes et on m'a déjà draguée. Voilà un week-end qui commence bien !

Rideau

ACTE II
SCÈNE 1

Isabelle, Catherine et Julie sur scène.

JULIE - Tu me jures de ne pas recommencer avec ce mec ?

CATHERINE - Mais non, ça m'a échappé. Tu sais, il était tellement…

JULIE - Tellement quoi ?

CATHERINE - Rien, laisse tomber !

ISABELLE - Tiens, essaye ce masque ! Tu verras, avec ça tu te sentiras à l'abri des regards de tous les hommes. *(Elle essaye.)*

JULIE - Ces fameux hommes qui te répugnent tant avec leurs regards concupiscents…

ISABELLE - Arrête, tu vas lui faire peur !

JULIE - Peur, elle ? Tu as vu tout ce qu'elle lui a passé au Rodolphe ?

CATHERINE - Il le méritait !

JULIE - Bon, pendant que Monique et Béatrice sont momentanément absentes, je vais en profiter pour filer sous la douche. À cinq nanas dans la maison, y a intérêt à s'organiser et à prendre son tour. *(Elle entre dans la salle de bains.)*

Isabelle - Essaie de faire ça en moins d'une heure, pour une fois. Il y a Catherine qui voudrait se faire belle pour son Rodolphe. *(Elle rit.)*

Catherine - Merci les filles, c'est sans doute ce que vous appelez de l'humour ?

Isabelle - Tu sais, on commence avec l'humour et on finit avec l'amour. *(Elle s'esquive vers la cuisine.)*

Catherine - L'amour, l'amour… Elles sont obsédées, ma parole ! *(Elle hausse les épaules et monte vers les chambres.)*

SCÈNE 2

Version M. Lemaire

Sonnerie porte d'entrée. Personne n'ouvre. On frappe puis la porte d'entrée s'entrouvre et M. Lemaire paraît.

M. Lemaire - Il y a quelqu'un ? Mesdemoiselles… Vous êtes là ? Personne !… Oh ! mais j'entends un bruit de douche dans la salle de bains. Si j'osais… *(Un temps.)* J'ose ! *(Il entrouvre la porte et contemple le spectacle.)* Quel dommage que les parois de la douche ne soient pas totalement transparentes.

Il s'éternise. Isabelle entre.

Isabelle - Encore ! Mais vous êtes vraiment dérangé, vous. Ça ne vous a pas suffi la dernière fois ?

M. Lemaire - Vous savez, j'ai frappé et avant j'avais sonné…

40

Isabelle - C'est vous qui êtes frappé. Et même complètement sonné !

Alertées par les cris, Julie sort de la douche en peignoir et Catherine dévale les quelques marches de l'escalier.

Julie - Qu'est-ce qui se passe ici ? Vous en faites un boucan !

Catherine - Il y a un problème ?

Isabelle - Le problème, c'est lui !

Catherine - Tu ne devrais pas parler comme ça de M. Lemaire. C'est quand même notre propriétaire.

M. Lemaire - Laissez-moi vous expliquer…

Isabelle - Alors allez-y ! Expliquez pourquoi vous aviez ouvert la porte de la salle de bains et que vous étiez en train de mater Julie sous la douche !

Catherine - Quoi, vous avez fait ça ?

Julie - Allons les filles, vous n'allez pas faire un scandale parce que monsieur est un esthète et qu'il aime contempler ce qui est joli !

M. Lemaire - Ah ! vous voyez !

Isabelle - Vous aussi vous voyez ! Vous êtes un voyeur, monsieur !

M. Lemaire - Il est vrai que de ce côté-là, ça va ! J'ai onze dixièmes à chaque œil.

Julie - Avouez que vous auriez pu trouver plus moche !

M. Lemaire - Ma foi, j'avoue !

Isabelle - Je suppose que cette fois-ci encore, vous avez un prétexte.

M. LEMAIRE - Mesdemoiselles, je vous en prie. Essayez de me comprendre, mais tenir un gîte en bon état ça n'est pas facile.

ISABELLE - Pour la prochaine Foire aux célibataires, louez-le à des hommes, vous aurez moins de tentations !

M. LEMAIRE - J'ai bien peur que ça me donne aussi moins de satisfactions.

CATHERINE - Et qu'en pense Mme Lemaire ?

M. LEMAIRE - Elle encaisse !

CATHERINE - Elle encaisse ?

M. LEMAIRE - Elle encaisse… les loyers !

ISABELLE - En tout cas, maintenant, en ce qui concerne le siphon et la chasse d'eau, nous voilà prévenues ! Voyez-vous encore autre chose qui ne colle pas ? Je ne sais pas, moi : le porte-serviette qui ne tient pas, le dévidoir de papier W.-C. qui ne dévide pas…

M. LEMAIRE - Ma foi, je ne vois pas…

ISABELLE - Non, parce que nous en aurions profité pour grouper vos interventions.

M. LEMAIRE - Je crois que je vais me retirer. Excusez-moi pour le dérangement.

JULIE - Ça n'est pas grave. Tout le plaisir était pour vous !

M. Lemaire sort, gêné.

ISABELLE - Ah ! quel culot !

CATHERINE - Il devrait se faire soigner !

JULIE *(philosophe)* - Mais non, c'est un homme, voilà tout !

On sonne.

ISABELLE - Encore lui! Il a oublié quelque chose? Attends mon bonhomme, tu vas être reçu! *(La main sur la poignée de la porte.)* On ne veut plus vous voir, espèce d'obsédé! *(Elle ouvre. C'est Rodolphe.)* Oh! pardon! C'est vous Rodolphe? Excusez-moi!

SCÈNE 2 Bis

Version Mme Lemaire

Sonnerie porte d'entrée. Personne n'ouvre. On frappe puis la porte d'entrée s'entrouvre et Mme Lemaire paraît.

MME LEMAIRE - Il y a quelqu'un? Mesdemoiselles… Vous êtes là? Personne!… Oh! mais j'entends un bruit de douche dans la salle de bains. Elles sont encore en train de gaspiller l'eau. C'est pas possible! *(Elle entrouvre la porte de la salle de bains.)* C'est bien ce que je disais! Et que j'te fais couler, et que j'te fais couler…

Isabelle entre.

ISABELLE - Encore vous! Mais dites donc, vous ne vous embêtez pas!

MME LEMAIRE - Vous savez, j'ai frappé et avant j'avais sonné…

ISABELLE - C'est vous qui êtes frappée. Et même complètement sonnée!

Alertées par les cris, Julie sort de la douche en peignoir et Catherine dévale les quelques marches de l'escalier.

JULIE - Qu'est-ce qui se passe ici? Vous en faites un boucan!

CATHERINE - Il y a un problème?

43

ISABELLE - Le problème, c'est madame !

CATHERINE - Tu ne devrais pas parler comme ça de Mme Lemaire. C'est quand même notre propriétaire.

MME LEMAIRE - Laissez-moi vous expliquer…

ISABELLE - Alors allez-y ! Expliquez pourquoi vous ouvrez la porte de la salle de bains quand une d'entre nous prend une douche !

MME LEMAIRE - Je surveille votre consommation d'eau.

JULIE - Encore !

MME LEMAIRE - La douche est équipée d'une minuterie et au bout de cinq litres, elle devrait s'arrêter.

ISABELLE - Oui mais nous on vous l'a coincée, votre minuterie. Et on fait durer la douche autant qu'on veut !

MME LEMAIRE *(qui s'énerve)* - Ça sera retenu sur votre caution !

JULIE - Mais dites-moi, chère madame, ç'aurait pu être un de nos amis sous la douche ! Ça ne vous gêne pas ce genre de spectacle ?

MME LEMAIRE - Pour qui me prenez-vous ?

ISABELLE - Louez donc à des hommes, vous y trouverez plus de satisfaction !

JULIE - Et la prochaine fois, envoyez votre mari. S'il avait été à votre place, il aurait contemplé quelque chose de très joli !

CATHERINE - De toute façon, lorsque nous partirons, vous ferez votre note. De quoi avez-vous peur ? Vous n'en serez pas de votre poche !

JULIE - Elle a raison ! Qu'en pense votre mari ?

MME LEMAIRE - Oh ! mon mari…

JULIE - Eh bien, quoi ? Il a bien une petite idée sur la question, non ?

ISABELLE - À moins qu'il soit moins radin que vous... moins regardant...

MME LEMAIRE - Moins regardant... Moins regardant... C'est bien là le problème.

CATHERINE - Qu'est-ce que vous voulez dire ?

MME LEMAIRE *(gênée)* - En fait, je trouve des prétextes pour venir souvent surveiller s'il n'est pas là.

JULIE - Expliquez-vous !

MME LEMAIRE *(très embêtée)* - Chaque année, cette Foire aux célibataires a tendance à le perturber. Et j'ai bien peur qu'il trouve plein d'occasions pour venir ici.

ISABELLE - Pour quoi faire ?

MME LEMAIRE - Observer, regarder, voir...

JULIE - Voire... plus si affinité ?

ISABELLE - Et c'est en ça qu'il est plus regardant que vous !

MME LEMAIRE - Voilà !

CATHERINE *(menaçante)* - Qu'il approche, il va être bien reçu !

MME LEMAIRE - Merci ! Mais que ça ne vous empêche pas d'être vigilantes sur la consommation d'eau. *(Elle sort.)*

JULIE - Des spécimens comme elle, on n'en fait plus !

ISABELLE - Quelle radine cette bonne femme !

CATHERINE - Elle a vraiment peur d'en être de sa poche.

On sonne.

ISABELLE - Encore elle ! Elle a dû oublier quelques recommandations de son cru. *(La main sur la poignée de porte.)* Attends, ma vieille, tu vas être reçue ! *(Elle ouvre. C'est Rodolphe.)* Je crois qu'on s'est tout dit !… Oh ! pardon, Rodolphe, c'est vous ? Excusez-moi.

SCÈNE 3

JULIE - Entrez, mon vieux, Catherine est calmée !

CATHERINE - Oh ! que c'est drôle !

RODOLPHE - Je ne voudrais pas déranger…

JULIE - Mais entrez, elle ne va pas vous bouffer !

ISABELLE - De toute façon, on est là, on surveille !

RODOLPHE - Justement… J'aurais préféré être seul avec Catherine… pour m'excuser…

ISABELLE - On vous laisse ! *(Elle sort vers la cuisine.)* Je vais en profiter pour planquer tous les couteaux et les fourchettes, on ne sait jamais si le temps se gâte !

JULIE - Et moi je vais terminer ma toilette interrompue. Si elle vous fait des misères, venez vous réfugier avec moi dans la douche, je vous protègerai ! *(Elle entre dans la salle de bains.)*

RODOLPHE *(inquiet)* - Elle plaisantait ?

CATHERINE - Allez savoir !

RODOLPHE *(affolé)* - Ah là là !

CATHERINE - C'est vrai, vous êtes venu pour vous excuser ?

Rodolphe - Oui, j'avoue que tous ces mots que je vous ai dits tout à l'heure…

Catherine - Mais c'était convenu !

Rodolphe - Peut-être, mais c'étaient des mots tellement…

Catherine - Les miens ne valaient guère mieux.

Rodolphe - De plus, nous n'étions même pas fâchés.

Catherine - Oui, mais par contre les autres y ont cru.

Rodolphe - Vous pensez qu'il va falloir recommencer ?

Catherine - Ça vous ennuie ?

Rodolphe - De vous dire des horreurs, oui !

Catherine - C'est gentil !

Rodolphe - Sincèrement !

Catherine - Bon, nous allons changer de tactique.

Rodolphe - C'est-à-dire ?

Catherine - Nous allons leur faire croire que nous éprouvons quelque chose l'un pour l'autre.

Rodolphe *(malheureux)* - Et il faudra encore faire semblant ?

Catherine - Holà ! Qu'est-ce que vous croyez ? Je ne me livre pas facilement, vous savez !

Rodolphe *(navré)* - Tant pis !

Catherine - Et puis, vous êtes peut-être du genre jaloux ?

Rodolphe - Vous avez peur d'être Desdémone et que je vous étrangle par jalousie comme Othello ?

Catherine - Vous connaissez cette histoire ?

Rodolphe - C'est une des plus belles pièces de Shakespeare et aussi l'un des plus beaux opéras de Verdi ! Son avant-dernier pour être précis.

Catherine *(très intéressée, pour le tester)* - Et son dernier, comment s'appelait-il ?

Rodolphe - « Falstaff », tiré des « Joyeuses commères de Windsor », toujours de Shakespeare. Et c'est d'ailleurs, à ma connaissance, le seul opéra de Verdi qui se termine bien !

Catherine - Si c'était son dernier, il était temps !

Rodolphe *(parlant pour lui-même)* - En prenant de l'âge, on devient souvent plus tolérant, moins agressif !

Catherine *(dubitative)* - C'est possible. *(Un temps.)* Alors vous aimez cette musique ?

Rodolphe - Je n'aime pas, j'adore l'opéra italien !

Catherine - Eh bien, moi qui vous prenais pour quelqu'un de mal dégrossi, un paysan arriéré, tout juste bon à parler de ses rendements, de ses subventions européennes…

Rodolphe - Vous avez du monde rural une image peu flatteuse. Lorsque je suis dans ma cabine de tracteur, je mets la radio ou un CD et, en fonction du programme, je suis dans mon auditorium personnel. C'est égoïste, non ?

Catherine - Je suis abasourdie !

Rodolphe - Et vos goûts à vous, on peut les connaître ?

Catherine - Oh ! moi, je dévore tout le répertoire classique, qu'il soit musical ou littéraire.

Rodolphe - Dans deux jours je vais à Paris au Salon agricole. Venez avec moi et nous essayerons d'avoir deux places pour « L'Elixir d'amour » de Donizetti à l'Opéra Bastille et « L'Éventail » de Goldoni à la Comédie-Française.

CATHERINE - Vous feriez ça ?

RODOLPHE - Avec vous, j'ai l'impression que rien ne serait impossible !

CATHERINE - Alors, finalement, les autres ont gagné !

RODOLPHE - Pardon ?

CATHERINE - Ils ont voulu nous jeter dans les bras l'un l'autre et ils sont en train de gagner leur pari.

RODOLPHE - Et ça vous chagrine ?

CATHERINE - Elles auront eu le dernier mot, ça m'agace !

RODOLPHE - Et si on continuait à jouer la comédie ?

CATHERINE - On peut ?

RODOLPHE - Vous connaissez « La Mégère apprivoisée » de Shakespeare ?

CATHERINE - Oui, un sacré tempérament ! Catarina possède un sale caractère et Petruchio, son prétendant, arrive à la dompter.

RODOLPHE - Catherine… Catarina… Ça ne peut aller qu'à vous !

CATHERINE - À cause du sale caractère ?

RODOLPHE - Je n'ai pas dit ça ! Non, je pensais plutôt au prénom !

CATHERINE - Il faut dire qu'il n'y allait pas de main morte le Petruchio !

RODOLPHE - Faire jeûner la belle, voire l'affamer pour l'obliger enfin à obéir à ses ordres…

CATHERINE - Bon, d'accord, je veux bien jouer ce rôle, mais je vous préviens : ce n'est qu'une comédie !

RODOLPHE - Évidemment !

CATHERINE - Ne vous mettez pas en tête que je vais me jeter à vos pieds. Je n'ai pas une vocation de carpette !

RODOLPHE - Je ne vous vois pas bien dans cet emploi !

CATHERINE - Quant à jeûner, ne comptez pas là-dessus. J'adore manger !

RODOLPHE - Moi aussi, surtout quand c'est arrosé d'un bon petit vin bien choisi.

CATHERINE - Vous connaissez ça aussi ? Décidément, nous étions faits pour nous rencontrer.

RODOLPHE - Elles ne vont pas tarder à revenir. On se met dans l'ambiance ?

CATHERINE - Vous y prenez goût on dirait !

RODOLPHE - J'ai cru comprendre que ça ne vous laissait pas indifférente !

CATHERINE - Mais je vous préviens : je ne me rappelle pas du texte.

RODOLPHE - Ça n'est pas grave, nous improviserons.

CATHERINE - Allez, on s'échauffe la voix ?

RODOLPHE - On s'échauffe ! *(Changeant de ton.)* C'est pas pour dire, mais vous êtes une moins que rien !

CATHERINE - Mais tu t'es vu, pauvre type ! *(Plus bas.)* Dommage que vos copains ne soient pas là pour en profiter.

RODOLPHE - Ils doivent venir ici pour récupérer vos amies, ils ne vont plus tarder !

CATHERINE - On reprend ! *(Haussant la voix.)* Si tu crois me faire peur !

RODOLPHE - Quand tu seras à moi t'auras intérêt à filer doux !

Apparition de Julie et Isabelle, inquiètes.

CATHERINE - Parce que tu crois que je vais t'appartenir, pauvre imbécile ? Tu rêves ou quoi !

On sonne. Isabelle va ouvrir.

RODOLPHE - Tu n'es plus toute jeune, ma belle, les occasions de trouver un homme comme moi vont se faire rares.

Entrée de Richard et Franck, inquiets eux aussi.

SCÈNE 4

CATHERINE - Ah ! voilà tes complices ! Ça manquait. Vous vous êtes trouvés. C'est racaille et compagnie !

RODOLPHE - Ne dis pas de mal de mes potes, sinon tu vas avoir affaire à moi ! *(Il fait semblant de lui tordre le poignet et l'oblige à s'agenouiller.)* À genoux, femme !

CATHERINE *(se dégageant)* - Non mais, regardez-le, il se prend pour le maître. Tu t'es trompé d'époque mon vieux ! La parité, tu connais ? Non, bien sûr. Ça sort de son trou et ça veut dominer. Pauvre type !

RODOLPHE - C'est pas une bague au doigt qu'on devrait lui passer, c'est les menottes, qu'est-ce que je raconte, le supplice de la roue, oui, le pal !

CATHERINE - Et toi, tu sais ce qu'on devrait te faire ?

RICHARD - Stop ! Vous avez fini, oui ?

CATHERINE *(agressive)* - De quel droit vous nous interrompez dans notre conversation, vous ?

RICHARD - Ah ! parce que vous appelez ça une conversation ? C'est plutôt un dialogue de sourds ! Qu'est-ce qu'on a pris dans les oreilles !

RODOLPHE *(même jeu)* - Elle a raison, de quoi te mêles-tu ? Si on a envie de s'engueuler, ça ne te regarde pas !

ISABELLE - Mais enfin, en principe vous êtes deux adultes et pas deux gosses qui font leur colère !

JULIE - Il vaut mieux les séparer ou la soirée sera invivable.

FRANCK - Allez, viens, Rodolphe, ta présence ici n'apporte que des embêtements. Je te ramène chez nous, tu vas prendre un calmant.

RICHARD - Et pas question que tu viennes au bal masqué ce soir. Au lit !

RODOLPHE *(aristocrate)* - Bonne nuit Catherine ! Je m'incline devant la force, mais demain nous reprendrons notre conversation là où on nous a arrêtés de façon arbitraire !

Il sort, méprisant, suivi de Franck.

CATHERINE *(même jeu)* - Adieu mon cher et à demain ! Moi aussi je monte me coucher. Vous n'êtes pas près de me caser ! *(Elle monte, elle aussi avec dignité.)*

SCÈNE 5

RICHARD - Ouf, ils sont épuisants !

JULIE - Échec sur toute la ligne. Ils n'y mettent vraiment aucune bonne volonté !

ISABELLE - Si encore ils avaient au moins des goûts en commun…

JULIE - De toute façon, même si c'était le cas, ils ne joueraient pas le jeu, rien que pour nous emmerder !

ISABELLE - Il faut reconnaître qu'on lui force un peu la main à Catherine !

RICHARD - Cette main que l'autre idiot n'est pas capable de lui demander.

JULIE - Et si je te proposais la mienne, qu'en ferais-tu ?

RICHARD - La question ne se pose pas, Julie. J'ai déjà dit « oui » une fois à une autre.

JULIE - J'en connais qui ont dit oui plusieurs fois !

ISABELLE - Oh ! moi je disparais ! Je n'ai pas envie de servir de témoin ! *(Elle monte vers les chambres.)*

JULIE - Lâcheuse ! *(À Richard.)* Alors beau chevalier, on refuse le combat, on recule devant l'obstacle ?

RICHARD - Sachez, gente Damoiselle, que je ne suis pas un lâche mais, j'en suis navré pour vous, je me sens attiré par une autre personne.

JULIE - Qui est plus jolie que moi ?

RICHARD - Disons… différente !

Julie - Je la connais ?

Richard - Oh oui ! Intimement !

Julie - Ah… À ce point ?

Richard - Je l'ai entrevue au travers de la cabine de douche il y a quelques heures et elle m'a fait une forte impression.

Julie - Isabelle ?

Richard - Non, une de vos deux invitées, Monique !

Julie - Monique ? Alors là tu m'étonnes Richard. Il n'y a pas plus casanière qu'elle.

Richard *(en extase)* - Et en plus elle s'appelle Monique ! Comme ma femme.

Julie - Ça a au moins un avantage, si tu cries son prénom la nuit dans le lit conjugal, ta femme ne t'en voudra pas.

Richard - C'est vrai. Voilà une chose à laquelle je n'avais pas réfléchi.

Julie - C'est à nous autres, les femmes, de penser à ce genre de petit détail. Nous en avons l'habitude.

Richard - Cependant, je t'avoue que je n'en mène pas large.

Julie - Toi ? Mais on m'avait dit que tu étais un don juan !

Richard - Moi ? Tu sais, il ne faut pas se fier aux apparences. J'ai du baratin mais dans le fond…

Julie - Si je comprends bien, c'est la première fois que tu t'apprêtes à tromper ta femme !

Richard - Ben voilà, tu as deviné !

JULIE - C'est marrant, je connais bien Monique et ce n'est pas son genre non plus.

RICHARD - Si ce que tu me dis est vrai, ça n'est pas fait pour me donner du courage.

JULIE - Ah, n'exagère pas ! Ce n'est pas non plus la mer à boire !

RICHARD - Justement, à propos de boire, je prendrais bien un petit remontant, moi !

JULIE - Vodka, cognac ou scotch ?

RICHARD - Les trois ?

JULIE - Les trois... ensemble où séparément ?

RICHARD - Ensemble ! Un petit cocktail, quoi !

JULIE - Qu'est-ce qu'il ne faut pas faire pour monter au front ! *(Elle sort côté cuisine et lui prépare le mélange.)*

RICHARD - Je sais que je vais faire une folie mais... c'est plus fort que moi !

JULIE *(off, de la cuisine)* - Et en plus, j'ai droit aux confidences.

RICHARD - C'est normal, tu es son amie.

JULIE *(revenant avec le verre)* - Et moi qui te trouvais très à mon goût, tu crois que ça m'amuse tes états d'âme ?

RICHARD - Julie, si tu as beaucoup d'affection pour elle, tu dois comprendre.

JULIE - Je comprends surtout que ce soir je vais faire tapisserie. Ah, entre celle qui va vivre un grand amour de quarante-huit heures et l'autre qui s'engueule avec le seul mec possible, je me sens un peu délaissée, moi !

55

RICHARD - Sois patiente, ton tour viendra !

On sonne.

JULIE - Un instant ! C'est peut-être le prince charmant !

Elle va ouvrir. C'est Sylvain.

SCÈNE 6

SYLVAIN - Excusez-moi Julie, je voudrais vous parler.

JULIE *(à Richard)* **-** Ce n'est pas un prince, mais il est charmant quand même.

RICHARD - Je vais vous laisser.

JULIE - Va finir ton cocktail à la cuisine, j'en ai pour une minute !

Richard va à la cuisine.

SYLVAIN - Une minute, j'ai bien peur que ce soit un peu court !

JULIE *(faussement affolée)* **-** Mon dieu, que se passe-t-il ? Vous avez perdu votre boulot de pizzaïolo ? Vous vous êtes recyclé dans le démarchage de béquilles ou de cannes anglaises ?

SYLVAIN - Ah, on peut dire que vous avez de la mémoire, vous ! Vous avez la rancune tenace.

JULIE - Mais non, je plaisante ! J'adore faire marcher les autres. Et vous, vous courrez !

SYLVAIN - Alors, comme ça, vous adorez faire marcher les démarcheurs avec des cannes anglaises ! Et en plus, vous les faites courir… Ça doit être spectaculaire !

JULIE - Bon, vous vouliez quoi ?

SYLVAIN - Je viens voir si vous avez réfléchi… Si vous êtes d'accord pour que je vous accompagne ce soir ? Je serai masqué moi aussi.

JULIE - Et moi qui craignais d'être seule…

SYLVAIN - Oh ! je sais, il y a l'autre qui vous court après !

JULIE - L'autre ? Quel autre ?

SYLVAIN - Celui qui finit son verre à la cuisine !

JULIE - Mais non, vous vous trompez. Il n'y a rien entre nous. *(Au public.)* Hélas !

SYLVAIN - Alors c'est oui ?

JULIE - Bien sûr ! Avec votre masque vous serez mon Zorro et vous m'enlèverez sur votre cheval fougueux !

SYLVAIN - Désolé, j'ai juste un scooter !

JULIE - On fera avec !

Richard paraît. Il a dû prendre double dose de cocktail.

RICHARD - Alors, ces conciliabules, c'est fini ?

JULIE - Ça y est ! Dans une demi-heure, je me fais enlever !

RICHARD *(pâteux)* - Tu te fais enlever quoi ?

SYLVAIN - Ça ne vous regarde pas !

RICHARD - Toi, le morveux, tu la fermes !

SYLVAIN - Vous croyez me faire peur ?

JULIE - Assez, ça suffit ! Vous rentrez chez vous tous les deux ! Moi je vais me préparer pour mon enlèvement. *(En montant les marches.)* Sur un scooter, mon rêve !

Richard - Qu'est-ce que tu manigances, toi?

Sylvain - Oh! ça va! Je ne vais pas vous raconter ma vie!

Richard - Ta vie, ta vie… Elle ne doit pas être passionnante au milieu de tes pizzas!

Sylvain - La vôtre par contre, je commence à la connaître, et c'est pas joli-joli.

Richard - Tu ne vas pas me donner des leçons espèce de voyou!

Sylvain - Voyou, voyou… Il ne faut pas exagérer!

Richard - Tu me fais payer ton silence assez cher!

Sylvain - Tout a un prix, même le silence!

Richard - J'ai toujours pensé que tu n'étais pas honnête!

Sylvain - Si vous le prenez sur ce ton, je sens qu'il va y avoir une inflation, les prix vont grimper en flèche!

Richard - Fous le camp!

Sylvain se sauve.

SCÈNE 7

Entrée d'Isabelle. Elle tient des masques à la main.

Isabelle - Vous en faites un vacarme! Vous étiez plusieurs?

Richard - Une affaire d'honneur!

Isabelle - Julie t'a fait des avances?

58

Richard - Oui, mais je ne suis pas libre.

Isabelle - Ah ! tu es fidèle !

Richard - Même pas !

Isabelle - Tu as quelqu'un d'autre ?

Richard - Hélas !

Isabelle - Eh bien, ça ne te rend pas joyeux !

Richard - C'est sa meilleure amie !

Isabelle - La meilleure amie de Julie ?

Richard - Oui !

Isabelle - Mon dieu, et je n'avais rien vu !

Richard - C'est Cornélien, tu ne trouves pas ?

Isabelle - Et Julie, comment réagit-elle ?

Richard - Elle, elle se lance dans les pizzas !

Isabelle - Oh ! la pauvre ! Elle préfère s'étourdir dans la nourriture !

Richard - Quoi ?

Isabelle - Richard, je suis très émue…

Richard - Y'a pas de quoi !

Isabelle - J'étais loin de m'imaginer…

Richard - Ça peut arriver à tout le monde !

Isabelle - Ça va être le plus beau jour de ma vie.

Richard - Il ne faut rien exagérer !

Isabelle - Blottie dans tes bras…

Richard - Dans mes bras… Pour quoi faire ?

Isabelle - Tu fais l'ignorant, c'est bien, c'est délicat.

Richard - Je fais quoi ?

Isabelle - Nous serons heureux, tous les deux…

Richard - Tous les deux ?… Moi avec toi ?

Isabelle - Je n'aurais jamais osé y croire.

Richard - Mais qu'est-ce que tu as cru ?

Isabelle - Eh bien, nous deux !

Richard - Mais qu'est-ce qui te prend ? Tu as fumé quelque chose ?

Isabelle - Ça te fait peur !

Richard - Tu as pensé que je deviendrais ton amant ?

Isabelle - C'est toi-même qui viens de le dire !

Richard - Je sais que j'ai un peu bu, mais pas au point de confondre les femmes qui m'entourent !

Isabelle *(prise d'un doute affreux)* - Tu m'as dit à l'instant que tu aimais la meilleure amie de Julie !

Richard - Ah ! je vois ! Mais je parlais de Monique, sa copine d'enfance !

Isabelle *(très déçue)* - Oh ! pardon, excuse-moi !

Richard - Désolé, ça ne m'aurait pas déplu mais…

Isabelle *(au bord des larmes)* - Je dois passer pour une idiote à tes yeux !

RICHARD - Une ravissante idiote alors. Et qui trouvera facilement un partenaire pour cette soirée.

ISABELLE - Justement, j'ai amené des masques. Je mets le mien ! *(Au public.)* Ça cachera mes larmes. *(À Richard.)* Lequel prends-tu ?

RICHARD - Celui-là ne me paraît pas mal. *(Il le met.)* Qu'en penses-tu ?

ISABELLE *(toujours amoureuse)* **-** Tu me fais penser à un de ces héros de roman qui broie le cœur des jeunes filles. *(On sonne.)* Ah ! ce sont sûrement Monique et Béatrice qui reviennent ! *(Elle va ouvrir.)* À partir de maintenant chacun garde son masque, c'est le règlement !

Monique, Béatrice et Franck entrent masqués.

SCÈNE 8

MONIQUE - Et on ne l'enlève qu'à minuit !

BÉATRICE - Sinon il y a un gage !

FRANCK - Alors ça y est, tout le monde est prêt ?

Julie vient des chambres, masquée elle aussi.

JULIE - Moi je vous rejoindrai là-bas. J'attends mon cavalier et sa monture !

FRANCK - Ah… Qui est-ce ?

JULIE - Zorro en personne !

BÉATRICE - Et Catherine ?

ISABELLE - Elle reste dans sa chambre, elle n'a pas envie de venir.

FRANCK - Dommage ! J'aurais bien essayé de la distraire un peu.

ISABELLE - Elle ne veut pas, elle ne veut pas, c'est tout !

MONIQUE - Ce n'est pas ça qui va nous empêcher de nous amuser !

JULIE - Allez-y, je vous rejoins ! Isabelle, emmène Monique et Béatrice avec eux !

FRANCK - Je connais deux autres Monique et Béatrice qui sont aussi une paire de copines ! C'est marrant les coïncidences !

Personne ne prête attention à cette phrase anodine. Ils sortent les uns après les autres sauf Julie. Monique revient.

MONIQUE - Une seconde, je reviens ! J'ai oublié quelque chose !

Elle se précipite à la salle de bains. Richard revient à son tour.

RICHARD *(à Julie)* - Je la trouve de plus en plus jolie !

JULIE - Alors jette-toi à l'eau !

RICHARD *(enlevant son masque alors que la porte de la salle de bains s'entrouvre)* - Ah ! ce qu'il fait chaud là-dessous ! Ce qu'il faut faire quand on est amoureux ! *(Il le remet et sort.)*

JULIE - Ah ! un bruit de scooter ! Cette fois c'est mon chevalier servant et son fidèle destrier.

Elle sort à son tour. Monique sort de la salle de bains.

MONIQUE - Mais je n'ai pas rêvé ! C'est mon mari ! C'est Patrick, et il se fait appeler Richard ! Et les deux autres... Ce sont sans doute ses copains... Ah ! les voyous ! C'était ça leur Foire agricole : une Foire aux célibataires ! Il faut que je prévienne Béatrice... Ou plutôt non ! Il vaut mieux voir comment tout ça va évoluer ! J'ai bien failli me trahir en le voyant de la salle de bains. Un peu plus et j'aurais crié ! Cet animal a l'air de me trouver à son goût. Ah, vous vouliez faire la foire messieurs, eh bien, nous allons la faire ! Jouons le jeu jusqu'à minuit. Mais après mon bonhomme, il faudra me fournir quelques explications ! Et l'autre idiot qui vient de dire : « Je connais deux autres Monique et Béatrice, c'est marrant les coïncidences ! » Les coïncidences, tu parles ! Le Salon de l'agriculture, le bon prétexte ! Je savais mon mari un peu volage mais là, je le tiens ! *(Elle sort, très décidée.)*

SCÈNE 9

Catherine redescend des chambres.

CATHERINE - Ça y est, les autres sont enfin partis ! Pourvu qu'il ait lu le petit message que j'ai glissé dans sa poche. *(On sonne.)* C'est lui !

Elle va ouvrir et Rodolphe paraît.

RODOLPHE - C'est moi ! J'étais caché derrière les fusains en attendant qu'ils partent.

CATHERINE *(jouant le jeu)* - Vous désirez, monsieur ?

RODOLPHE - Vous, mademoiselle. C'est vous que je désire !

CATHERINE *(minaudant)* - Oh ! monsieur, je ne suis pas celle que vous croyez !

RODOLPHE - J'ai pour mission d'apprivoiser une mégère. C'est bien de vous qu'il s'agit ?

CATHERINE - C'est possible ! Mais je vous préviens : la tâche sera rude.

RODOLPHE - J'ai bien envie de relever le défi !

CATHERINE - Vous pouvez toujours essayer de relever, mais en tout cas, vous ne pourrez pas dire qu'on ne vous aura pas averti !

RODOLPHE - Vous avez de la chance, un homme averti en vaut deux ! *(Ils s'embrassent.)*

Rideau

ACTE III
SCÈNE 1

La scène est vide. Rodolphe descend les quelques marches. Il est en robe de chambre empruntée à Catherine. Il va à la cuisine et ressort au bout de quelques secondes.

RODOLPHE - Il reste du jus d'orange et du jus de pamplemousse ! Qu'est-ce que tu préfères, chérie ?

CATHERINE *(voix off)* - Pamplemousse ! *(Rodolphe regagne la cuisine.)* Attends, je descends !

Elle paraît à son tour également en robe de chambre. Rodolphe sort de la cuisine, tenant deux verres à la main. Ils s'assoient sur le canapé.

RODOLPHE - Tiens ! À tes amours !

CATHERINE - Mes amours ? Pourquoi, j'en ai plusieurs ?

RODOLPHE - Tu sais bien que j'étais deux !

CATHERINE - Ah oui ! L'homme averti…

RODOLPHE - Moi qui venais à cette foire à reculons…

CATHERINE - Et moi donc ! Si tu savais tout ce qu'elles ont dû faire et dire pour me décider !

65

Rodolphe - Enfin, il était écrit que nous devions nous rencontrer.

Catherine - Les poètes et l'opéra nous ont beaucoup aidés !

Rodolphe - Tu es toujours partante pour Paris dans deux jours ?

Catherine - La Comédie-Française et l'Opéra Bastille, tu parles si je suis partante !

Rodolphe - J'ai retenu par téléphone deux places à Bastille pour « L'Élixir d'Amour ».

Catherine - L'élixir d'amour ! Je crois que nous n'en avons pas besoin.

Rodolphe - Moi je ne suis pas contre. Surtout que dans cette œuvre il s'agit en fait d'un bon vin !

Catherine - Et pour la Comédie-Française ?

Rodolphe - Plus de place pour la pièce de Goldoni ! Par contre, « Le Jeu de l'amour et du hasard », ça te dit ?

Catherine - Le jeu de l'amour et du hasard, c'est nous ça !

Rodolphe - Bon, demain je retiendrai deux places.

Catherine - Qu'est-ce qu'on va dire aux autres ?

Rodolphe - Tu as peur qu'ils n'apprécient pas notre comédie, nos fausses engueulades ?

Catherine - Oh, dans la plupart des couples il y en a des vraies, ça ne les empêche pas de s'aimer !

Rodolphe - On peut encore donner le change si tu veux. En mégère tu étais très bien !

Catherine - Alors, on continue !

RODOLPHE - En attendant, j'ai une petite faim, moi! *(Il se lève et va à la cuisine.)*

CATHERINE *(langoureuse)* - Une faim de moi?

RODOLPHE *(off, de la cuisine)* - De toi j'ai plutôt une fringale!

CATHERINE - Ce qui veut dire que je suis à croquer?

RODOLPHE *(revenant la bouche pleine avec un plateau et des choses à manger)* - Tu veux qu'on remette le couvert, là, sur le canapé?

CATHERINE - Non, je préfère ma chambre! Les autres pourraient revenir plus tôt que prévu.

RODOLPHE *(au pied des marches)* - Si madame veut bien se donner la peine de monter, je la suis avec le casse-croûte!

CATHERINE *(très bourgeoise)* - C'est bien, mon brave, je vous attends! *(Elle commence à monter les marches.)*

RODOLPHE - Quatrième service!

CATHERINE *(redescendant deux marches)* - Vous êtes sûr? Ce n'est pas plutôt le troisième?

RODOLPHE *(très stylé)* - Madame peut me faire confiance, c'est bien le quatrième!

CATHERINE - Il faudra que je vous augmente!

RODOLPHE - Madame est trop bonne! *(Changeant de ton.)* Dépêche-toi, on perd du temps!

Ils disparaissent.

SCÈNE 2
Version M. Lemaire

Entrée d'Isabelle suivie par M. Lemaire. Ils portent un masque.

ISABELLE - Bon, ça y est, vous m'avez raccompagnée. Je vous remercie cher monsieur !

M. LEMAIRE - Appelez-moi Augustin !

ISABELLE - Bien, maintenant, laissez-moi, monsieur Augustin !

M. LEMAIRE - Elle l'a dit ! Elle m'a appelé Augustin ! *(Il enlève son loup.)*

ISABELLE - S'il n'y a que ça pour vous faire plaisir. Et puis c'est un joli prénom ! *(Elle enlève aussi son masque.)*

M. LEMAIRE - Ma femme m'appelle Tintin ! C'est gentil, non ?

ISABELLE - Ce qui est gentil mon cher monsieur Tintin, c'est de m'avoir accompagnée jusqu'ici. Mais maintenant, il faut rentrer, retrouver votre femme qui vous attend.

M. LEMAIRE - Ne vous en faites pas pour mon épouse, elle dort depuis longtemps. C'est une couche-tôt !

ISABELLE - Mais moi aussi, j'ai sommeil, vous comprenez ?

M. LEMAIRE - J'ai toujours eu la vocation de garde du corps !

ISABELLE - Eh bien, je vous rassure tout de suite : le mien n'a pas besoin d'être gardé !

M. LEMAIRE - Cependant, je serai plus tranquille si je vous voyais sagement couchée sous vos couvertures !

Isabelle - Vous n'avez quand même pas l'intention de me border, monsieur Augustin ?

M. Lemaire - Je fais partie des organisateurs de cette manifestation et notre souci est avant tout de veiller à la sécurité de nos visiteurs et surtout de nos visiteuses.

Isabelle - Mon cher Augustin…

M. Lemaire - Tintin !

Isabelle - Mon cher Tintin, j'aurai le sentiment d'être en sécurité surtout lorsque vous aurez quitté cette maison !

M. Lemaire - Vous avez peur de moi ?

Isabelle - Non, mais je vous en prie, j'ai sommeil !

M. Lemaire - Prenons un café bien fort !

Isabelle - Mais je n'ai pas envie de veiller !

M. Lemaire - Même avec moi ?

Isabelle - Surtout avec vous !

M. Lemaire - Je suis très déçu !

Isabelle - Vous avez plein d'autres jeunes femmes à accompagner et à protéger en tant qu'organisateur.

M. Lemaire - Beaucoup d'entre elles auront trouvé l'homme de leur vie au cours de ce bal masqué.

Isabelle - Ou simplement l'homme de leur nuit.

M. Lemaire - C'est vous, Isabelle, la femme de ma vie !

Isabelle - Monsieur Augustin !

M. Lemaire - Tintin !

Isabelle - Monsieur Tintin, pensez à Mme Tintin !

M. Lemaire - Je ne préfère pas ! *(Il est à genoux devant elle.)*

Isabelle - Je vous en prie, relevez-vous !

M. Lemaire - Je ne peux pas ! Mon arthrose…

Isabelle - Mais vous ne pouvez pas rester là, par terre !

M. Lemaire - Je vous jure que je suis coincé.

Isabelle - Attendez, je vais essayer de vous traîner jusqu'au canapé. *(Elle le traîne.)*

M. Lemaire - Vous voyez bien que je ne vous suis pas indifférent.

Isabelle - Je n'aime pas voir les gens souffrir !

M. Lemaire - Et pourtant vous me faites souffrir !

Isabelle - Dans deux jours je serai partie et vous m'oublierez !

M. Lemaire - Jamais !

Isabelle - Où avez-vous mal ?

M. Lemaire - C'est les reins. Je suis sensible des lombaires.

Isabelle - Et ça veut jouer les amants ! Je suis infirmière, faites voir !

Il sort la chemise de son pantalon et lui montre son dos.

M. Lemaire - Quelle chance ! Une infirmière ! Je ne pouvais pas mieux tomber, c'est le cas !

Isabelle - Allongez-vous à plat ventre !

M. Lemaire *(s'allongeant)* - Vous ne pouvez pas vous allonger à côté de moi ? Il me semble que ça irait mieux !

70

Elle exécute un début de massage puis elle appuie ses mains à plat de tout son poids sur le dos du client qui pousse un hurlement.

ISABELLE - Ça y est, j'ai entendu craquer quelque chose !

M. LEMAIRE - Mais vous êtes folle ! Vous voulez faire de moi un paralytique ?

ISABELLE - Aux grands maux les grands remèdes, monsieur Tintin !

M. LEMAIRE - Merci bien ! Je préfère des petits maux avec des petits remèdes.

ISABELLE - Si j'étais vous je rentrerais sagement me coucher. Et n'hésitez pas à réveiller Mme Tintin pour qu'elle vous frictionne. Il ne faut jamais plaisanter avec ça !

Il se relève et va vers la porte avec un réel mal aux reins.

M. LEMAIRE *(amer)* - Merci du conseil, bonsoir ! *(Il sort.)*

ISABELLE - Encore un qui avait besoin d'une petite leçon ! Il a fait semblant de souffrir et il repart avec un réel mal aux reins. Et on dit que les femmes sont sans défense. En tout cas, il a au moins raison sur un point : il n'est pas près de m'oublier !

SCÈNE 2 Bis

Version Mme Lemaire

Entrée d'Isabelle, suivie de Mme Lemaire.

ISABELLE - Mais puisque je vous dis qu'il n'est pas là !

MME LEMAIRE - Je préfère vérifier moi-même. *(Elle entrouvre toutes les portes y compris le placard.)*

ISABELLE - Merci, la confiance règne !

MME LEMAIRE *(qui continue à chercher)* - Si vous le connaissiez comme moi, vous sauriez qu'il est capable de tout !

ISABELLE - Oh ! il est peut-être chez vous, à vous attendre sagement sous la couette !

MME LEMAIRE - Oh ! il est sûrement sous une couette… Mais laquelle ? Là-haut peut-être ?

ISABELLE *(la retenant)* - En haut, il n'y a que Catherine qui dort.

MME LEMAIRE - Votre Catherine est une femme, donc j'y vais !

ISABELLE - Laissez-la dormir, vous allez la réveiller !

MME LEMAIRE - Si mon mari est avec elle, tel que je le connais, elle ne doit pas être endormie !

ISABELLE - Ça m'étonnerait, Catherine fait une allergie aux hommes !

MME LEMAIRE - Une allergie ? C'est possible ça ?

ISABELLE - Certains c'est le pollen, d'autres les chats…

MME LEMAIRE - Mais si elle ne les aime pas, qu'est-ce qu'elle est venue faire ici ?

ISABELLE - C'est Julie et moi qui l'y avons presque traînée de force.

MME LEMAIRE - Quelle idée !

ISABELLE - On essaie de la caser. Mais c'est un sacré challenge !

MME LEMAIRE - Vous jouez les samaritaines !

ISABELLE - C'est un peu ça, mais elle n'y met aucune bonne volonté !

MME LEMAIRE - Et dans vos trois amis... il n'y en a pas un qui pourrait faire l'affaire ?

ISABELLE - Oh si ! Mais elle l'a tout de suite pris en grippe, et c'est réciproque !

MME LEMAIRE - Si j'ai bien compris, mon Augustin ne craint rien de ce côté.

ISABELLE - Votre Augustin ?

MME LEMAIRE - Oui, mon mari ! En fait tout le monde ici l'appelle Tintin.

ISABELLE - Chère madame Tintin, si vous le permettez, je vais aller me coucher. Vous devriez en faire autant.

MME LEMAIRE - Vous avez raison. Et puis mon mari souffre actuellement de ses lombaires, il ne devrait pas être très redoutable.

ISABELLE - Vous voyez bien, soyez rassurée !

MME LEMAIRE - Bon, je rentre chez moi, mais je vous signale que je viens d'éteindre la lumière dans la salle de bains. Quel gaspillage, mon Dieu, quel gaspillage !

ISABELLE *(irritée)* - Ah non! Vous commencez à m'échauffer les oreilles avec vos économies à la noix. Écoutez, si je vois votre mari au lit avec une de mes amies, je vous jure que je ferai des économies. J'allumerai une bougie et je la tiendrai, ça vous va?

MME LEMAIRE - Bon, bon, ça va... Inutile de vous mettre dans un état pareil! *(Elle sort.)*

ISABELLE - Non mais quelle emmerdeuse! Si son mari la trompe, elle l'aura bien mérité!

SCÈNE 3

Entrée de Béatrice et de Franck. Ils portent toujours leurs masques. Béatrice chante. Elle est plutôt ivre.

FRANCK - Isabelle, tu es là? Tu as du café très fort? Je crois que Béatrice ne supporte pas du tout l'alcool!

ISABELLE - Je fais chauffer ça tout de suite! *(Elle part à la cuisine.)*

BÉATRICE *(à Franck)* - Depuis quand tu as un jumeau, toi?

FRANCK - Moi? Mais je n'ai jamais eu de jumeau!

BÉATRICE - Raconte pas de blagues, depuis un moment vous êtes deux!

FRANCK - Il y a longtemps que je n'avais vu quelqu'un dans un tel état!

Isabelle revient avec du café.

BÉATRICE *(joignant le geste maladroit à la parole difficile)* - Oh! et puis enlève ce machin-là! Toi et ton frère on dirait que vous avez des gros cocards. *(Elle lui arrache son loup.)* Tiens, celui-là c'est mon mari! *(Elle rit.)*

FRANCK - Mais non, je ne suis pas ton mari!

BÉATRICE - Je sais bien. Toi c'est Franck! Mais l'autre, c'est Francis, c'est mon mari!

FRANCK *(à Isabelle)* - Mais comment sait-elle que je m'appelle Francis?

ISABELLE - Francis, tu t'appelles vraiment Francis?

FRANCK - Ben oui! Ça serait trop long à t'expliquer. *(Il lui enlève son loup.)* Merde, c'est Béatrice!

ISABELLE - Bien sûr que c'est Béatrice! Tu le savais, non?

BÉATRICE - Ils ne sont pas bien ces deux mecs. Je suis Béatrice et ils ne le savaient pas!

FRANCK *(catastrophé)* - C'est ma femme!

BÉATRICE - Et eux, c'est mon mari!

ISABELLE - Ta femme? Ta vraie femme? La légitime?

FRANCK - Tout ce qu'il y a de légitime! La mairie, le curé, les témoins et tout et tout!

ISABELLE - Toi mon vieux, tu t'es fourré dans un sacré piège!

FRANCK - Ne m'en parle pas!... Ah! je le retiens Patrick, avec ses idées foireuses!

ISABELLE - Patrick? Je le connais?

FRANCK - Oh oui! Depuis vingt-quatre heures il s'appelle Richard.

BÉATRICE *(qui essaie de suivre)* - Non, Patrick c'est le mari de Monique!

ISABELLE - Richard est le mari de Monique ?

BÉATRICE *(qui n'a pas tout saisi)* - Mais non que j'te dis, le mari de Monique c'est Patrick ! T'es bouchée ou quoi ? *(Le sommeil la guette.)*

ISABELLE - Oh là là ! Qu'est-ce que c'est que ce plan ?

FRANCK - En principe nous allions à Paris au Salon agricole, et Patrick, enfin Richard, a eu la géniale idée de faire une halte ici avant le salon.

Béatrice s'est peu à peu assoupie sur le canapé.

ISABELLE - Avec une arrière-pensée pas très honnête !

FRANCK - Oui et non ! Il voulait absolument aider Rodolphe à trouver une femme.

ISABELLE - Rodolphe, c'est son vrai nom ?

FRANCK - En fait, il s'appelle Adolphe !

ISABELLE - Non ?

FRANCK - Remarque, il n'y est pour rien ! Mais jusque-là ça ne l'a pas beaucoup aidé à se caser.

ISABELLE - Avec Rodolphe il n'a pas perdu au change !

FRANCK - J'ai toujours pensé que ça finirait mal ce truc. J'avais comme un pressentiment !

ISABELLE - Moi qui avais un peu peur de m'ennuyer ce week-end... Avec les conflits de proprios, les scènes d'engueulades de Catherine et de Rodolphe, vous trois qui débarquez sous de fausses identités et en plus qui courtisez vos femmes légitimes, lesquelles ne savent pas qui vous êtes... Ah ! je suis gâtée !

FRANCK - Bon sang, c'est vrai que Richard, enfin Patrick, est vraiment très amoureux de Monique. Quand elle va se rendre compte qu'il veut la tromper avec elle-même…

ISABELLE - Tu veux dire que ça pourrait déboucher sur un divorce ?

FRANCK - Hé, une femme blessée… On ne sait jamais !

ISABELLE - Mais toi aussi tu auras des comptes à rendre à Béatrice !

FRANCK - Oui mais moi, je n'ai pas cherché à la tromper ! Je suis surtout là où je ne devais pas être.

Un silence.

ISABELLE - Je pense à leur couple…

FRANCK - Il est en danger !

ISABELLE - Oui et non !

FRANCK - Comment ça ?

ISABELLE - Richard, enfin Patrick, pourrait aussi demander des comptes à Monique !

FRANCK - Je ne te suis pas bien !

ISABELLE - Que faisait Monique, ici, à se laisser draguer par un inconnu ?

FRANCK - Elle était venue dire bonjour à sa copine Julie qu'elle n'avait pas vue depuis au moins quinze ans !

ISABELLE - Elles pouvaient se rencontrer en plein jour, mais comment expliquer qu'elle soit restée cette nuit à faire la java ?

FRANCK - Évidemment, vu sous cet angle…

ISABELLE - La chair est faible, même dans les couples les plus solides. Il suffit qu'une occasion se présente…

FRANCK - Oui, mais finalement ça reste entre eux !

ISABELLE - Ça, ce n'est pas le meilleur argument, au contraire !

FRANCK - De toute façon, les dés sont jetés. À l'heure qu'il est les masques sont peut-être tombés !

ISABELLE - Croisons les doigts, leur sort est entre leurs mains.

FRANCK - Qu'est-ce qu'on fait pour Béatrice ?

ISABELLE - Aidons-la à monter dans ma chambre. Je vais vous la laisser pour la nuit.

FRANCK - Mais, et toi ?

ISABELLE - Quand tout le monde sera rentré, je prendrai le canapé.

FRANCK - Merci, tu es un ange !

ISABELLE - Un ange… Je préfère quand je suis un démon, c'est plus drôle !

Ils aident Béatrice à monter vers les chambres.

SCÈNE 4

Un moment de silence. Rodolphe redescend en robe de chambre et entre dans la cuisine. Franck descend à son tour et va aussi vers la cuisine. Ils se retrouvent nez à nez quand Rodolphe en sort.

FRANCK - Ben, qu'est-ce que tu fais là toi ? Tu devrais être au lit !

RODOLPHE - Mais j'y étais justement !

Franck - Ne me prends pas pour un idiot ! Ta chambre n'est pas là !

Rodolphe - Je n'ai jamais dit le contraire !

Franck - Alors, explique-toi ?

Rodolphe - J'étais… dans une autre chambre que la mienne.

Franck - Mais, tu n'as pas à envahir ces chambres. Nous ne sommes pas chez nous !

Rodolphe - Et toi, tu ne viens pas de l'une d'elles peut-être ?

Franck - Ce n'est pas pareil… C'est… Ah ! et puis, je n'ai pas d'explication à te donner ! Laisse-moi passer !

Rodolphe *(qui le laisse aller à la cuisine)* - Tu étais dans la chambre de Béatrice… Ça marche vous deux ?

Franck *(dans la cuisine)* - Est-ce que ça te regarde ?

Rodolphe - Au départ on devait tout se dire !

Franck - Ouais, mais depuis, les règles sont changées !

Rodolphe - J'aimerais bien savoir pourquoi.

Franck sort avec une bouteille d'eau.

Franck - J'aime ma femme !

Rodolphe - Et tu montes voir une autre en me disant ça ?

Franck - Justement, c'est la même !

Rodolphe - Qu'est-ce que tu racontes ?

Franck *(qui commence à monter les marches)* - Il n'y a pas deux Béatrice, il n'y en à qu'une !

Rodolphe - Oh là là ! Il se met à les confondre et à les mélanger. Nous voilà bien ! Et avec ça je n'ai même pas pu lui dire que

79

Catherine et moi… Oh! et puis après tout, chacun ses problèmes!
Bon, j'étais venu pour quoi moi?… Ah oui! L'amour, ça creuse! *(Il
entre dans la cuisine.)*

SCÈNE 5

Entrée de Julie suivie de Sylvain. Eux n'ont plus leurs masques.

JULIE - Ah! je suis crevée, lessivée, ratatinée! *(Elle s'effondre
sur le canapé.)* Mais tu ne t'arrêtes jamais?

SYLVAIN - Je suis né pour la danse, le rythme!

JULIE - Je n'ai pas ta fougue, je m'en suis rendu compte!

SYLVAIN *(moqueur)* - Moi aussi!

JULIE - Ce n'est qu'une fatigue passagère.

SYLVAIN - Sans doute! *(Il vient s'asseoir près d'elle.)*

JULIE *(agressive)* - Je vois, tu penses aux cannes anglaises!

SYLVAIN - Moi?

JULIE - Si c'est ça je te colle une baffe!

SYLVAIN - Oh! oh! Je n'ai rien dit!

JULIE - T'as intérêt!

*Pendant les répliques suivantes, Rodolphe, un plateau garni
à la main, sort de la cuisine sur la pointe des pieds et monte
l'escalier.*

SYLVAIN - Par contre, minuit moins dix, je trouve que c'est un peu tôt pour arrêter de danser !

JULIE *(très chatte)* - C'est que... j'avais pensé que... qu'on aurait pu passer à autre chose !

SYLVAIN - Oh, moi, du moment qu'on bouge !

JULIE - Ça dépendra de toi !

SYLVAIN - Pas de problème, je suis en pleine forme !

JULIE - C'est beau la jeunesse. Tu veux une bière ?

SYLVAIN - Ce n'est pas de refus !

JULIE *(se lève et va à la cuisine)* - Tu préfères les blondes ou les brunes ?

SYLVAIN - Heu... si elles sont bien roulées comme toi, ça m'est égal !

JULIE *(voix off)* - Je parle de la bière, idiot !

SYLVAIN - Ah oui ! Alors ce sera une blonde !

La porte d'entrée s'ouvre et on entend les voix de Monique et de Richard. Ils sont encore masqués et ils s'embrassent dans l'ouverture de la porte.

SYLVAIN - C'est m'sieur Patrick. Où est-ce que je peux me planquer ici ?

Il s'affole et aperçoit une porte dans le mur. C'est un placard à balais. Il s'y engouffre.

SCÈNE 6

Tendrement enlacés, Monique et Richard viennent s'asseoir sur le canapé.

MONIQUE - Tu m'aimes ?

RICHARD - Je n'ai qu'une envie, c'est de te le prouver !

MONIQUE - Là, sur le canapé ?

RICHARD - Montons dans ta chambre. On ne va pas faire ça en public !

MONIQUE - Tu as peur ?

RICHARD - Il y aura forcément une de tes copines qui va débouler.

JULIE *(de la cuisine)* - J'arrive mon chéri !

RICHARD *(à Monique)* - Tu vois bien qu'on ne sera jamais tranquille ici.

JULIE - Je t'amène ta blonde préférée !

MONIQUE - Elle t'appelle mon chéri et elle te propose une blonde ?

Julie entre, une chope à la main.

RICHARD - Écoute, je n'y suis pour rien !

JULIE *(se penchant par-dessus le canapé)* - Ah ! c'est vous ? Mais où est-il parti l'autre ?

MONIQUE - C'est qui l'autre ?

JULIE - Le vendeur de pizzas.

MONIQUE - Tu couches avec le vendeur de pizzas ?

JULIE - Pas encore, mais c'était prévu au programme.

MONIQUE - Il est vachement jeune !

JULIE - Et alors ? Je n'ai pas l'âge de sa mère que je sache !

MONIQUE - Oui mais enfin…

JULIE - Ah ! et puis enlevez ces masques ridicules, vous n'êtes plus au bal !

RICHARD - Elle a raison, ça donne chaud ! *(Il fait le geste pour l'enlever.)*

MONIQUE - Arrête ! On ne doit l'enlever qu'à minuit et il est exactement… *(Elle regarde sa montre.)*… onze heures cinquante-huit !

RICHARD - C'est bien parce que je t'aime, toi ! *(Il l'embrasse.)*

JULIE - Bon, il faut se rendre à l'évidence : il s'est dégonflé mon chevalier au scooter ! Il ne me reste plus qu'à aller me coucher dans les bras du copain Morphée. Mais ça sera moins drôle ! *(Elle commence à monter les marches.)* Bonne nuit les amoureux !

RICHARD - Tu vois que ça n'est pas facile d'être seul ici !

MONIQUE - Je vois surtout que tu es très pressé.

RICHARD - Tu m'as attiré dès que je t'ai vue !

MONIQUE *(lui examinant la main)* - Mais pourtant, tu es marié !

RICHARD - Ne m'en parle pas.

MONIQUE - Quoi, ça ne va plus votre couple ?

RICHARD - Oh si ! Et c'est bien ça qui me torture. J'aime ma femme et je t'aime tout autant ! C'est fou, non ?

MONIQUE - Il faudra bien que tu choisisses… un jour ou l'autre.

RICHARD - Mais tu ne comprends pas que je suis déchiré, que je vous appartiens à toutes les deux ?

MONIQUE - Bref, tu envisages d'être bigame !

RICHARD - Je n'envisage rien. Je suis complètement perdu, c'est tout !

MONIQUE - Viens te coucher. Nous garderons nos masques et éteindrons la lumière.

RICHARD *(regarde sa montre)* - Non, il est minuit pile, j'enlève ce machin ! *(Il enlève son loup.)* Et toi, tu ne l'enlèves pas ?

MONIQUE - Je préfèrerais le garder !

RICHARD - Pourquoi ? J'ai bien enlevé le mien, moi !

MONIQUE - J'insiste !

RICHARD - Moi aussi j'insiste ! Tu as peur que je prenne ça pour un strip-tease ?

MONIQUE - Ça risque de te perturber !

RICHARD - Pourquoi ? Tu es laide ?

MONIQUE - Pas vraiment, mais je sens que tu vas le regretter.

RICHARD - Ma femme et toi, vous avez le même prénom, pratiquement la même voix. J'aimerais au moins comparer vos visages.

MONIQUE - J'aurais préféré ne pas te connaître !

RICHARD - Je l'aurais regretté toute ma vie !

MONIQUE - Tu ne risquais pas de le regretter puisque tu ne m'aurais pas connue.

RICHARD *(suppliant)* - Enlève-le, s'il te plaît.

MONIQUE - Tu l'auras voulu! *(Elle s'arrache son masque. Un temps qui paraît une éternité. Richard ne prononce pas un mot. Il est ahuri.)* Alors, je te plais?

RICHARD *(bredouillant)* - Monique... c'est... c'est toi?

MONIQUE - C'est moi, en chair et en os!

RICHARD - Mais... qu'est-ce que tu fais là?

MONIQUE - Je pourrais te retourner la question.

RICHARD - Moi... je vais... au Salon agricole...

MONIQUE - En passant par une Foire aux célibataires? *(Silence.)* Ne me dis pas que vous avez eu un problème de moteur et que vous avez été obligés de vous arrêter ici pour réparer!

RICHARD *(qui s'accroche à cette bouée)* - Comment as-tu deviné? Oui, c'est ça, la voiture toussotait un peu... manque d'arrivée de carburant... ou autre chose. Tu sais, je ne suis pas très doué en mécanique.

MONIQUE - Toi? Allons donc, le mois dernier tu as mis en pièces un moteur de tracteur et trois jours après il tournait comme une horloge.

RICHARD - Oui, mais je n'avais pas mes outils avec moi.

MONIQUE - Pourtant je t'ai vu mettre ta caisse à outils dans le coffre entre deux valises.

Julie redescend en chemise de nuit ou en robe de chambre.

JULIE - Pas moyen de dormir! Vous ici qui parlez trop fort, des bruits bizarres et des rires dans la chambre de Catherine, pareil dans celle de Béatrice. Quant à Isabelle, elle dort à poings fermés. Elle doit être dans son premier sommeil, je n'ai pas osé la déranger.

MONIQUE - Julie, je te présente mon mari !

JULIE - Déjà ! Vous allez vite en besogne !

MONIQUE - Ça fait dix ans qu'il est mon mari !

JULIE - Richard, tu nous avais caché que tu connaissais Monique ?

MONIQUE - Oh oui ! C'est un vrai petit cachottier ! Surtout qu'il ne s'appelle pas Richard mais Patrick !

JULIE *(a Richard)* - Elle a trop picolé ?

RICHARD - Non, Julie, tout ce qu'elle dit est vrai ! Je ne m'appelle pas Richard mais Patrick et je suis de nouveau tombé amoureux de ma femme sans le savoir.

JULIE - Ça c'est plutôt bien ! Ça veut dire que tu ne peux en aimer qu'une quoi qu'il arrive !

RICHARD - Je ne te le fais pas dire.

MONIQUE - Évidemment, on peut voir ça sous cet angle, mais tu as voulu me tromper, l'intention y était !

RICHARD - Je te signale que toi aussi tu étais à cette Foire aux célibataires ; toi, une femme mariée !

MONIQUE - J'étais venue voir Julie, je ne l'avais pas vue depuis quinze ans !

RICHARD - Tu pouvais la voir dans la journée. Tu n'étais pas obligée de faire des prolongations et draguer des mecs !

MONIQUE - Non mais ça va être de ma faute !... Ah ! tu ne manques pas de culot !

RICHARD *(le ton monte)* - Toi non plus !

MONIQUE - Moi, en tout cas, je n'ai pas changé de prénom ! Toi, c'était prémédité !

RICHARD - J'ai toujours voulu m'appeler Richard. Je n'aime pas Patrick !

MONIQUE - Et c'est tout ce que tu trouves comme explication ?

JULIE - Arrêtez ! Vous n'allez pas vous disputer pour cette malheureuse histoire. Vous devriez être ravis au contraire !

MONIQUE - Je ne vois pas ce qu'il peut y avoir de ravissant dans le fait qu'il a essayé de me tromper !

RICHARD - Et réciproquement !

MONIQUE - Ce qu'il ne sait pas c'est que j'ai vu son visage avant de partir pour le bal masqué. Je sortais de la salle de bains quand il a enlevé son loup quelques secondes parce qu'il avait trop chaud. J'ai bien failli hurler à ce moment, mais je me suis retenue à temps. Et je me suis laissée draguer par cet individu exprès pour savoir jusqu'où il irait. Maintenant, je sais !

JULIE *(philosophe)* - Mais il ne t'a trompée qu'avec toi-même. Vous vous êtes trompés mutuellement. Ça reste en famille !

MONIQUE - Avec toi, tout est simple !

JULIE - Vous venez de vous redécouvrir au bout de dix ans de mariage, vous vous apprêtez à refaire votre lune de miel, si c'est pas une chance ça !

RICHARD - Elle a un peu raison, non ?

MONIQUE - Surtout parce que ça t'arrange, hein !

JULIE - Son choix prouve que c'est toujours toi qu'il choisit, avec ou sans masque !

MONIQUE - Tu es sûre ?

JULIE - Évidemment! Et même, je vous souhaite que cela arrive tous les dix ans. C'est un peu comme si vous remontiez le ressort de votre horloge d'amour!

RICHARD - Ah! ce que c'est beau! Je sens que le ressort est tout remonté!

JULIE - Mais dites-moi, votre ami Franck, il est dans le coup?

RICHARD - Franck s'appelle en réalité Francis et il est le mari de Béatrice.

JULIE - Le vrai mari?

RICHARD - Eh oui, le vrai!

JULIE - Mais alors, les petits cris et les rires qui viennent de la chambre de Béatrice?

MONIQUE - Ils ont dû faire la paix, eux!

JULIE - Et Rodolphe dans tout ça?

RICHARD - Ben, c'est pour lui que nous avons fait une halte ici. C'est pour essayer de lui trouver l'âme sœur!

MONIQUE *(peu convaincue)* - Ton bon cœur te perdra!

JULIE - Tout comme nous avec Catherine. Mais sur ce plan-là j'ai bien peur que nous ayons tous échoué!

MONIQUE - Pourtant tu viens de dire que tu avais entendu des rires dans sa chambre. Elle se fait rire toute seule?

JULIE - Ça doit être nerveux.

SCÈNE 7

Sylvain sort du placard, à moitié étouffé.

SYLVAIN - De l'air, je n'en peux plus !

JULIE - Mon chevalier au scooter ! Qu'est-ce que tu faisais dans le placard ?

SYLVAIN - Je me planquais !

JULIE - Mais pourquoi ?

SYLVAIN - On a eu des mots avec ce monsieur !

JULIE - À propos de quoi ?

RICHARD - Il m'a fait chanter !

JULIE - Il t'a fait chanter ? Mais il n'y a pas eu de concours de chant ce soir, que je sache !

RICHARD - Il m'a fait chanter… Il m'a soutiré de l'argent contre son silence.

MONIQUE - C'est-à-dire ?

RICHARD - Il me connaissait et il m'a laissé entendre qu'il pourrait éventuellement te raconter qu'il m'avait vu ici !

MONIQUE - Un maître chanteur ! Eh bien Julie, je ne te félicite pas sur le choix de tes partenaires.

JULIE - Ne t'inquiète pas, je vais le prendre en main, ton maître chanteur. Je le ferai chanter jusqu'au contre-ut ! Allez, suis-moi le ténor, on va commencer par les soupirs !

RICHARD - Auparavant, comme ma femme est au courant, rends-moi l'argent que tu m'as soutiré !

MONIQUE - Il t'avait demandé combien ? *(Richard lui chuchote le chiffre à l'oreille.)* Tant que ça ! C'est plutôt flatteur.

RICHARD - Hein, tu te rends compte ?

MONIQUE - Tu devrais lui en faire cadeau, il l'a bien gagné !

RICHARD - Et puis quoi encore ?!

MONIQUE - Avoue que tu as bien mérité cette petite leçon.

RICHARD *(vaincu)* - Bon, ça va, garde-le ce pognon !

SYLVAIN - C'est sûr ? Sinon je vous l'aurais laissé… en cadeau de mariage !

RICHARD - Et il se fout de ma gueule en plus ! Dégage ! *(Sylvain suit Julie dans l'escalier.)* Tu m'en veux toujours ?

MONIQUE - Si vous vous êtes arrêtés pour marier le troisième larron, je veux bien passer l'éponge. Mais si ensuite vous allez au Salon agricole, je te suis à Paris.

RICHARD - Ah ! mais tu vas t'y embêter !

MONIQUE - Mais non puisque je serai avec toi !

RICHARD - Tu sais, c'est moi le seul coupable. Les deux autres n'avaient pas tellement envie, même Francis.

MONIQUE - C'est bien, j'en parlerai à Béatrice.

RICHARD - Je t'aime Monique !

MONIQUE - Moi aussi Patrick !… Oh ! et puis non ! Désormais je t'appellerai Richard, en souvenir.

SCÈNE 8

Isabelle descend des chambres.

ISABELLE *(bâillant)* - Julie m'a demandé d'aller dormir ailleurs. Si je récapitule, la chambre de Catherine est occupée et celle de Béatrice aussi. Je viens de me faire virer de la mienne et la quatrième est pour vous. Reste le canapé ! Si vous le permettez, j'ai l'intention de le squatter ! Alors vos histoires de couples, c'est au premier !

MONIQUE - Finalement, tu vas te retrouver toute seule.

ISABELLE - Ce n'est pas grave, j'ai sommeil !

RICHARD - Il y a aussi Catherine qui est seule. Tu aurais pu dormir avec elle.

ISABELLE - C'est une idée ! *(Réalisant.)* Ah ! mais non ! Il y avait du bruit dans sa chambre, et même des rires…

Rodolphe et Catherine descendent l'escalier. Ils s'arrêtent en voyant les autres.

CATHERINE - Vous n'étiez pas couchés ?

ISABELLE *(moqueuse)* - On attendait plus que vous !

RICHARD - Dis donc toi, tu étais censé être au lit ?

RODOLPHE *(gêné)* - Ben, j'y étais… au lit… mais ce n'était pas dans le mien !

ISABELLE - Vous voulez dire que vous avez fait la paix ?

CATHERINE - On n'allait pas se faire la gueule parce que vous étiez partis vous amuser. On s'est trouvé des points communs. Rodolphe aime les grands auteurs !

Isabelle - Non ?

Catherine - Et c'est un passionné d'opéras italiens !

Isabelle - C'est vrai ?

Catherine - Il est incollable !

Richard - C'est pas des blagues, tu aimes ça ?

Rodolphe - Et toi, tu n'aimes pas l'opéra ?

Richard - Oh ! moi tu sais, l'opéra… Je préfère plutôt l'apéro !

Monique *(haussant les épaules)* - Comme vous le voyez mon mari s'évertue à faire ce qu'il appelle des bons mots !

Tête ahurie de Rodolphe qui reconnaît Monique.

Catherine - Ton mari ?… C'est son mari ?

Monique - Ben oui !

Catherine *(à Rodolphe)* - Et tu ne m'as rien dit !

Rodolphe - Je n'ai pas eu le temps. Je viens juste de la découvrir et puis… on était tellement occupés !

Catherine *(en colère)* - Tu me le paieras, espèce de sale menteur !

Rodolphe *(même ton)* - Menteur, menteur… Dis donc Catherine, j'ai été pris de court, nuance !

Catherine - Ça t'arrange mon joli, mais tu ne perds rien pour attendre !

Rodolphe - Oh ! oh ! Qu'est-ce qu'elle nous fait la donzelle ?

Catherine - Vous êtes bien tous les mêmes, et toi Petruchio, tu ne vaux pas mieux que les autres !

Rodolphe - Écoute Catarina, pas devant tous ces gens ! Sortons ! *(Il sort au fond.)*

CATHERINE - Tu as peur, hein, Petruchio, tu as peur que je raconte des choses…

Elle le suit et claque la porte derrière elle.

RICHARD *(abasourdi)* - Mais pourquoi elle l'appelle Petruchio ?

MONIQUE - Et lui, Catarina ?

ISABELLE - Ce sont les personnages de « La Mégère apprivoisée ».

MONIQUE - Et tu crois qu'ils s'identifient à…

ISABELLE - J'en ai bien peur !

Julie redescend l'escalier.

JULIE - Qu'est-ce qui se passe ? On vous entend de là-haut.

ISABELLE - Ce sont nos tourtereaux qui déclament !

MONIQUE - À propos de tourtereaux, tu n'étais pas avec le livreur de pizzas, toi ?

JULIE - Ne m'en parlez pas ! Toute son énergie a disparu. Il en a fait une terrible consommation pour danser.

ISABELLE - Et maintenant ?

JULIE - Maintenant il ne consomme plus. Les batteries sont à plat ! C'est bien ma veine !

MONIQUE - Mais alors, ton fameux ténor et son contre-ut ?

JULIE - J'ai bien peur que mon ténor ne soit un castrat !

La porte d'entrée se rouvre violemment, laissant passer une Catherine exaltée, suivie de Rodolphe.

RODOLPHE - Alors que moi, Catarina, je suis de nouveau prêt à te montrer ce dont je suis capable !

CATHERINE - J'ai l'impression que tu te vantes, Petruchio !

RODOLPHE - Ah ! si tu le prends sur ce ton, je vais te rosser, espèce de carne !

CATHERINE - Sale brute !

RODOLPHE - Maudite femelle !

JULIE *(essayant de les calmer)* - Oh ! oh !... Je ne sais pas si la vie de couple a du bon mais, en ce qui vous concerne, votre coup de foudre risque d'être orageux !

CATHERINE *(souriante)* - Mais voyons Julie, c'est simplement du Shakespeare !

RODOLPHE *(même ton)* - Enfin, presque !

Et ils s'embrassent devant les autres, ébahis.

Rideau

AVIS IMPORTANT

ATTENTION

Imprimé à la demande par Books On Demand GmbH, Bad Hersfeld, Allemagne

1er trimestre 2009
Première édition, dépôt légal : mars 2009
N° d'édition : 200908
ISBN : 978-2-84422-678-5